無限力への挑戦

「やれば出来る」を実証した子供たち

●思ったことは実現する●冷たいプールで頑張った子供たち
●いきなり全国レベルに●2分7秒の壁
●全国にさきがけたプールハウス●自閉症の子との出会い

河内千明

日本教文社

無限力への挑戦

「やれば出来る」を実証した子供たち

＊＊＊目次

装画・カット　岸本方子

無限力への挑戦

「やれば出来る」を実証した子供たち

ダメな兄が優勝

双子の兄弟がいました。両親は、

「おじはいいけど、兄はだめだ」と常に言うのです。

おじというのは新潟で弟のことを言い、兄はアニとか、アニジャとか言うのですが、弟の方はしっかりしていて何でもできるけど、兄ちゃんの方は運動も勉強もまったくダメだと言うのです。しかし「気だてはいい」と家族中の人が言うのです。

昭和四十六年頃のことですので、私もまだ結婚したばかりの若い頃でした。家庭訪問に行くと、「やあ、先生、よう来てくんなした。さあさあ」と言って、私を歓待してくれるのです。家庭訪問には、おじいちゃん、おばあちゃんまで、みんな出て来ます。その当時まだ、囲炉裏《いろり》が家庭の中心にあって、囲炉裏を中心に坐って、おじいちゃん、おばあちゃん、お父さん、お母さん、そして彼もそこにちゃんと坐っているのです。お茶や漬け物等を出してくれ「どうぞゆっくりしてくんなさい」と、もてなしてくれるのです。三十年以上も前の田舎の家庭訪問の様子です。

まあ一杯と、お茶が終わるとつぎつぎに、

「いやぁ先生ね、家《うち》のおじはいいけどね、兄はだめなんだて」、おじいさんが、そして、おばあさんも、

「いやぁ先生ね、おらのおじはいいけどね、兄はだめなんでね」、家族全員がつぎつぎに言うのです。

弟はそんな時そこにはいないのですが、その兄はちゃんとお父さん、お母さん、おじいちゃん、おばあちゃんの横に坐っているのです。そうするとおばあちゃん、おじいちゃんが、また、「いやぁ先生ね、おらのおじはいいけどね、兄はだめなんでね」と言うのです。彼はそばでそれを聞いてニコニコしているのです。また何か話があると「おじはいいけど兄はだめなんでね」という話になるのです。

私は「そんなことはありませんよ」と言うのですが、その頃、私も教員になりたてのホヤホヤでしたので、そのおじいちゃん、おばあちゃん、あるいはお父さん、お母さんたちに向かって、兄の持っている能力を強調出来るような力量を持っていなかったのです。

「いや、そんなことはありませんよ。とってもいい子ですよ」と言うのですが、話が進むとまた、「いや、おじはいいんだけれど、兄の方は、気がいいばかりで」とか、「まあこうやって、私らの言うことも何でも聞いてくれるし、優しいし、とってもいい子なんだけれど、ま、勉強とか運動の方はぜんぜんダメで」ということを、盛んにお父さんも、お母さんも言うのです。

私の「いや、そんなことありませんて。もうとってもいい子ですよ」という言葉も説得力のあるものではなかったようです。


そうこうしているうちに運動会の季節になりました。六年生になると千五百メートルの持久走があったのです。私は体育主任でしたので、「ヨーイ、ドン」と、ピストルを打っていました。すると、そのだめなお兄ちゃんが、パーッと最初速く走るのです。最初パーッと速く走るものだから、もちろん先頭で走って、人よりももう二十メートルも三十メートルも速いのです。しかし地域の人たちはみんな、彼が一年生の時から運動会を見ているから、兄が負けるということは分かるのです。

「ほら見ろ、あの兄ゃ、ゆっくり走らねばだめだがな、体が持たんこて」、

「ほら、またビリになるがな、言わんこちゃね。ほんにゃ兄はダメだて」そのような話が私の

所へ聞こえてきました。

こうして走るにつれて、案の定、順々に負けてくるわけです。最初あんまり頑張り過ぎたために、最後にはやっぱりビリになってゴールへ入ってきて、「ほらみれほら、あそこんちのおじはいいけど兄はやっぱりだめだね、やっぱりそうなんや」と、まあ、昔だからそんな話も出来たのかも分からないけれど、そういう話が私に聞こえてきました。

そんな声を聞いて、私は「ハッ」としました。「ああ、可哀相なことをした。彼は、頑張りたい気持ちがあり、その力をみんなに見せたいんだなぁ」、そう私は気づいたのです。

その頃私は、田沢小学校の校長住宅が空いており、その校長住宅に宿をとっていました。私の家内と、まだ産まれたばかりの長男がいた頃でした。清津峡《きよつきょう》温泉という有名な温泉がある麓《ふもと》のところです。

陸上の大会があるというので、朝、校長住宅からその温泉の近くの村のブドウ畑までの間、道路でマラソンの練習をしていたのです。運動会までは、その兄の方は呼ばないで、その弟と、運動好きな二、三人の子を、私のいる校長住宅に朝早く集まってもらい、私が車に乗ったり、時には一緒に走ったり、あるいは自転車に乗ってタイムを測ったりしながら、毎朝、練習をしていました。

ブドウ畑に行くといつもそこで休憩し、ブドウを戴いて走って帰ってきていたのです。

私は、その兄も頑張りたいんだなということが分かったので、運動会が終わったあと、すぐ彼を呼んで、「おい、君、明日から練習にきてみないか?」と声をかけたのです。「やだっ」て断るかなぁと思っていたら、「行くっ」と言うんですよ。

「それじゃあ明日朝から、先生のとこへ来なさい」と言うと、その次の日から、弟と朝練習に来るようになりました。

ちょうどそのコースの折り返し地点に、その双子の子の家のぶどう畑があるのです。そんなにいっぱい作っているわけではないのですが、そこの家の人が、「先生、朝、練習する時はそのブドウ畑の中へ行って、子供の休憩にブドウを食べさしてくんなさい」と言われるのです。だいたいいつもブドウ畑の近くの所まで行って、ブドウをいただいて、校長住宅までマラソンで帰ってくると、ちょうどいいマラソンコースになっていたのです。

おじいちゃん、おばあちゃんが、

「いや、先生、あのな、あのブドウを先生もいっぺ食べて、ゆっくり休ませて、いっぺ練習やってくれ」、そんな調子で言われる、ほのぼのとした練習をしていたものでした。

おじの方は、運動会はいつも一等でしたが、兄の方は、練習もなにもしないし、お家の人もみんな、「あの子はまあ気立てはいいんだけど、運動は苦手なんだし、勉強の方もあんまりおじみたいにできないし」、そういうレッテルを貼られていたわけです。

毎朝の練習は、そのブドウ畑の所まで走って、タイムを測ったりしながら帰ってくるのですが、以前から練習している子は、タイムはなかなかそう目に見えるように縮まってはいかないけれども、練習していなかった兄の方は、走れば少しずつ、少しずつタイムが縮まってくるわけです。それで、

「おい、シゲオ君（仮名）、おい、本当に、どんどん速くなるなぁ」と言っていると、本当に毎日速くなってくるのです。「毎日、毎日速くなるじゃないか。すごいな」というようなことでほめられたりしていました。「おい、そのうちに追いつくんじゃないの」とかいう言葉も出るようになり、どんどん力をつけてきてきました。

そこは、中里村という村でしたが、毎年その村の親善陸上大会がありました。その頃、中里村に貝野《かいの》とか倉俣《くらまた》、高道山《こうみちやま》、清津《きよつ》、田沢と小学校が五校ありました。五校の親善陸上大会が毎年行われていたのです。

約二ヵ月の練習で彼はしっかり実力をつけました。おじと互角に走るようになったのです。そして、その親善陸上大会で、結局そのダメな兄が優勝したのです。

そうしたら、おじいちゃん、おばあちゃんも、大変喜んでくれました。

「どんどんうまくなるね。もうすぐ追いつくようになるんじゃない」この言葉がそのダメな兄の力を引き出したのです。言葉の力の偉大さを体験させられました。実は、私も練習すれば強くはなるが、まさか優勝までするとは思わなかったのです。私の若い頃の最初の体験でした。

この双子の兄弟の話をすると、つい思い出してしまうのが、山の学校時代の臨海学校での遠泳です。

そのころの山の学校のプールは、川の水をせき止めて、ＰＴＡの人たちが作った手作りのものでした。きれいな川の水を入れて、そこで水泳の練習をしたものでした。冷たい水で、暖まるには何日もかかりました。プールのそばで石油の缶に薪を入れ、火をたいて体を温めながら練習したものです。プールの端の方では魚が泳いでいました。なんとも風流なことだったのです。そんなプールでなんとか泳げるようにし、夏の臨海学校に行くのです。

臨海学校では遠泳があるのですが、一人の子がまだよく泳げないので、安全のためにとヘルパー（水泳練習用の浮き玉のついたもの）をその子の背中につけて泳がせていたのです。臨海学校には多くの手を必要とするので、毎年冬季分校の先生をお呼びし協力してもらっていました。その年も応援に駆けつけてくれていました。

さて遠泳の時のことです。冬季分校の先生がボートの上から、「おーい、ヘルパーはずれているぞ」とその子に注意したのでした。するとその子は、「ワー、俺泳げないんだ！」急にバチャバチャはじめました。浮き輪がついていない事がわからないでいる時は、スイスイ泳いでいたのですが、わかったとたん、おぼれそうになるのです。

冬季分校の先生は、その子がヘルパーを付けなくても本当は泳げることを知らないので、「ヘルパーはずれているぞ」と大きい声で言ってしまったのです。

「何を言ってるんだ、先ほどまでズーッと泳いでいたではないか。」そんな笑い話を今、思い出してしまうのです。そして、その子は自分が泳げていたということに気づいて、深い海でも楽に泳げるようになったのです。

言葉の力で、誉めるとうまくもなるし、使い方を間違うとダメにもするという体験でした。

「ひよこが死んだ」

昭和四十八年八月。日米合同の「生命の教育研修大会」に東京学芸大学教授であった故鹿沼景揚先生に誘われ参加しました。十八日間、生命の教育（生長の家の教育）の研修の連続でありました。（この研修会のことは、改めてお話します）。日本に帰国後、強烈な刺激がいつまでも私の頭から離れません。特に鹿沼先生からいろいろ教えてもらったことが頭にこびりついていました。

研修で教えてもらったことが、学校の道徳の時間や、朝の会の話、子供の指導につい出てくるのです。

鹿沼先生が話された言葉の一つ、「自性円満《じしょうえんまん》、自分の中に素晴らしい力を自覚した時、素晴らしい命の力が現れるんだ」ということを、知らず知らずに話しているのです。鹿沼先生の「自性円満完全を自覚したときメタフィジカル・ヒーリング（神癒《しんゆ》）となる」の話を、子供たちにわかるように話をしていたのです。

そうしたある朝、教務室に子供たちが、ダダダダダッと大きな音を立てて走ってきました。その頃の教室は今みたいに鉄筋やコンクリートの校舎でなく、木の廊下でしたので、ダダダダッと廊下を走る音がとても大きかったので、隣の先生に恥ずかしいなと思っていると、「先生！　大変だ、大変だ！　ひよこが死んだ、ひよこが死んだ！」と大声で叫びながらみんな教務室に入ってきたのです。それで、

「どうしたんだ」と子供たちと一緒に六年一組の教室に行きました。

ひよことというのは、卵を孵卵器《ふらんき》の中に入れて、卵からかえしたものでした。その頃六年の理科の勉強で、有精卵を孵化《ふか》させる、理科の授業があったのです。この理科の勉強の一環としてやっていたのですが、もうじき生まれるなという前の日に、「明日あたりきっと生まれるよ」と言っていたその孵卵器の卵から、昨日殻《から》を破ってひよこが生まれたばかりでした。ところが次の朝になったら、管理当番が回って電源を抜いたのかどうか分からないけど、孵卵器の電源が抜かれていたのです。そして三匹いたその日生まれたひよこは、三匹とも完全にグタンとなって倒れているのです。

子供たちは、生まれてきたのがもううれしくって喜んでいたのに、この日の朝のひよこの状

態を見て「死んだ、死んだ」と大騒ぎしていたのです。

それで、興奮している子供たちを席につかせて、そうだ、これは命について話をするには、ちょうど良い機会なんだなぁと思い、生命の連続性、永遠の生命について話をしていました。

すると自然に、鹿沼先生から聞いた話が出てきてしまうのです。

「自性円満、自分の中に、自分の永遠の命を感じた時、永遠の命が現れるんだ」と。

実は私自身、本当の深い意味が解らず話をしていたのです。そして、健康観察を終え、じゃあ、国語の勉強をしようねと、私も、もうひよこのことを忘れて、一緒に子供たちの読解の勉強をしていたのですが、読みながら机間《きかん》巡視していた時、「ピッピッ」という音が聞こえるのです。

「あれっおかしいな」と思ったのですが、思い直してまた机間巡視していると、また、「ピッピッ」と音が聞こえてくる。

「おかしいなぁ」と思って、孵卵器の所へ見に行きたくてどうしようもないのだけれども、子供たちは一所懸命本を読んで、知らん顔で勉強しているので、私が授業をやめるわけにもいかない。それでも、気が気じゃなく、授業をしていても、もうひよこのことが気になって仕方がない。でも子供たちには、読んで分かったこと、その段落と段落のつながりの中で、どういう

ことが読み取れたとか、そういうようなことをノートに書かせて、やっと授業が終わったのです。

私はもう気が気じゃないから、孵卵器の所へ飛んで行ったのです。そうしたらグタッとしていた三匹のひよこが、みんなピッピッピッピッ、三匹とも鳴いているんですね。私はもうビックリして、鳥肌がたつような思いで見ていたのです。

そうしたら子供たちが、後ろからみんなやってきて覗き込みました。子供たちは平気な顔して淡々と、

「永遠の命を感じた時、永遠の命が現れるんだ」とすまして言うのです。

これには私がびっくりしました。

「君たち、授業中、気が気じゃなかったんじゃないの？」と言ったら、

「うん、先生、永遠の命を感じたら、永遠の命が現れたよ」と、また、子供がパッと私に言うのです。私には、そんな「永遠の命」という言葉などまったく頭に浮かばなかったのです。

子供たちの言葉に私がまた、ビックリしていました。すると、子供たちは、

「だって先生、先生の言ったとおりだよね。」と言って、「だから孵卵器を見たいとは思わなかった」と言うのです。

私はもう、なにがなんだか解らず、不思議で不思議でどうしようもなくて、授業中だから見たいなんて言っておれないので我慢《がまん》していたら、子供は、あたかもその永遠の命を感じた時は、元気になるのが当たり前だというような感覚でいたのです。

その子供たちの純粋な気持ちがキラキラと輝いているようで、私はむしろ子供たちに教えられたという思いでした。私はただ、鹿沼先生と一緒にアメリカへ行って、その時いろいろな話をバスの中で聞いた、その言葉を、子供たちにただオウム返しみたいに話していたのですが、子供たちはそういうことを、本当に理解したのかどうか分からないけれども、直感として把握していた。子供の純粋な気持ちが感応して聞いていたのだろうと思うのです。

ひよこもだんだん大きくなってくるのですが、いつまでもその小さい孵卵器の中に入れているので無理があったのです。またそのひよこが、死んだみたいになっていました。そうしたらまた、

「先生、永遠の命を感じた時、永遠の命が現れるんだよね」と、子供は淡々として言うのです。

「ああ、そうだね。永遠の命を感じてあげようね」といいながら授業をしていると、またそのひよこが元気になるのです。

そういうことが三度ほどありました。私は何か神様を試しているような、自分にやましいような気持ちにもなり、こんなことを繰り返していてはいけないなと思うようになりました。


さて、ひよこが生まれて何週間かたち、大きく元気になりました。そんなとき、子供たちが、「先生、あの狭いところにおいとかないで、もうちょっと広いところに出してやろう」と言う。何を言うかと思ったら、教室の中で自由にひよこを歩かしてあげたいと言うのです。

「おいおい、そんなことしたら君たち勉強しないじゃないかよ」と言ったら、

「いや、僕達一所懸命勉強するから」と言う。

「いや、それはだめだ」

「いや、先生、僕ら、絶対怠けないから」そんなことで、少しの間ひよこを教室の中で放しながら勉強したこともあるのです。

今、ちょうど長岡の中越教育事務所に指導主事になって来ている女の先生に、会でたまに会うと、

「いや先生、あの時、教室の中にひよこを放してたよね。ひよこと遊んだよね。先生あの時楽しかったね」などと言ってくれる先生がいるのです。

昼休みになると、ひよこを持って遊びにでるのです。

中里村田沢小学校の前庭は、その頃ちょうど芝生が一面に広がっているところがあって、そこへひよこを連れて行きます。すると、私らが走ると、ひよこがくっついて走ってくるのです。その三匹のひよこと、みんなで追いかけっこしたり追っかけられたり、子供たちが走ると、ひよこが追っかけて走ってくる。ひよこが追っかけて走ってくるので、おもしろくてキュッと九十度に曲がると、ひよこは急に曲がれないのです。それでゴロンと転んだりして、それをみんなで笑ったり、喜んだりしていたのでした。

「先生、そんなにしていじめちゃだめだ」とか言って、そんな楽しい日々がありました。

その頃は、今みたいにニワトリ小屋を作ったり、アヒルの小屋や、やぎの小屋を作ったりはしませんでした。誰か専門の人に頼めば作ってもらえたのでしょうけれども、まだそこまで考えていませんでした。当時はひよこが孵卵器の中で卵から生まれてくるという、そういうような勉強ぐらいにしか位置付けていなかった。それで最終的には、鶏を飼ってる農家に引き取ってもらいました。

そんなひよこを通して、私はなるほど言葉というのはすごいな。本当にそれを自覚した時、本当にそんなことがあるんだなぁと、私はその時、不思議な感じ、いや恐ろしいような感じがしました。子供たちと一緒だったから体験できたのでしょう。私一人だったらとってもそんなふうに考えなかったと思います。子供たちの純粋な気持ちと言うんですか……そんな気持ちに私が学びました。

「先生ね、素晴らしい永遠の命を自覚した時、ちゃんとひよこが元気になったよね」、その言葉を、三十年たった今でもしっかり覚えているのです。

私のなかでは、ひよこのことと生命の連続性の話と結びついていなかったのです。そんな言葉で子供に話したかなぁ、言った覚えがないような感じがするのですが、子供は端的にそれを感じ、他の子供も「そうだよね」と、平気な顔をして子供たち同士で話し合っているのです。私の方が子供たちの話について行けないのでした。

グッタリした孵卵器の中のヒヨコが生きかえったことも、今考えれば偶然中の偶然で、不思議で不思議で夢ごこちです。

例えば三匹のうち一匹ぐらい生きかえるなら、まだしも偶然とか言うことがあるかもしれない。その内の一匹だから偶然に生きかえったということはありえるかもしれない。しかし、三匹とも元気になるなんて、私にはもう信じられない体験でした。私が若く子供と一緒の気持ちになっていた純粋な時代であったからでしょうか。もう私には二度と体験できないことでした。夢と現実がごっちゃになっているような感じです。

子供が「自性円満完全を自覚したとき円満完全が現れるんだね」とすました顔で言ったその言葉が、私には実に印象的で今でもしっかり覚えているのです。

そして、鹿沼先生が言っていた、「言葉の力」ってすごいものだと学んだのです。現在私は〝自性円満完全を自覚したときメタフィジカル・ヒーリング（神癒）となる〟このことを信じるようになりました。

自分の真の自分「汝自身を知れ」とはソクラテスの言葉でカントが座右の銘とした言葉ですが、汝自身を知る哲学的、宗教的な意味が今六十歳になって少しずつ理解できるのです。貴い体験でした。

日米合同生命の教育研修会

昭和四十八年八月、日米合同の生命の教育研修会がありました。団長は東京学芸大学教授の鹿沼景揚先生でした。その時の旅のしおり巻頭言の冒頭には次のように書かれていました。

《この研修旅行に期待するもの

鹿沼　景揚

この研修旅行の正式名称は「生命の教育指導者日米合同研修会」であります。

参加者は「生命の教育」を推進する幹部とこれから幹部になる人たちです。

8月4日から8月21日まで「生命の教育」についての基礎を学び、練成をつみ、大会に参加し、教育国際会議に出席し、レリジャス・サイエンスとの交流を深め、その間にアメリカの大自然の中に遊び……という多彩な行事が展開いたします。

右のことは、表面にあらわれたすがたでありますが、内面的には「生命の教育」の奥義《おうぎ》に深く穿《うが》ち入ることだと思います。》

私にも、鹿沼先生から研修会に参加しないかという文書を戴きました。

私もまだ教員になりたての頃でした。今では外国に行っていない人が珍しいぐらいの時代になっていますが、あの頃は外国に行くというのは、非常に少ない時代でした。

私もまだ若く、夢をふくらませていた教員時代でした。外国には何かあこがれていました。いつか行けるものならと密かに思っていたところでした。

私が僻地《へきち》で山間部の小学校に勤務していた時です。〝最新の情報を〟ということで、外部から講師を呼んでの校内研修が行われました。そのころ、算数で「集合論」が盛んなころでした。算数で優秀な先生がいる、集合論について外国にまで行って勉強してきた人がいる。そこで、校内にその人を講師に招いて、研修会が行われたのでした。

私は、その人の講義よりも、反省会での一杯を戴いてから盛り上がった外国の話に大変興味をかきたてられたのです。

「ああ、俺も外国に行って、この講師の先生のように先生方を指導できる力のある教師になりたいなぁ。」そんなはかない夢を持っていたのです。まだ若く、ほんの教員になりたての頃だったので、その四十そこその先生が素晴らしく見えて、「ああ、俺も一度でいいから外国へ行ってみたいなあ」というようなことを何となく考えていたのでした。

そんな気持ちもあったところへ、鹿沼先生からアメリカでの研修のお手紙を頂いたものだから、是非行ってみたいと、家内と一緒に申し込んだというわけです。

期間は十八日間ぐらいだったでしょうか。アメリカの西側海岸中心の研修でした。ヨセミテ公園とか、グランド・キャニオン、ディズニーランドなど壮大なアメリカの景観、規模に触れてびっくりしたものです。

またアメリカの学校を見学し、いくつかの授業を見せて頂きました。算数の授業でしたが個別の授業が行われていました。また、能力別の授業が行われていました。一番印象的だったのは、どこの学校に行っても、日本人の子供がレベルの高い授業を受けていたことが分かったことでした。「日本の子供はすごいな」とうれしくなってしまいました。

何故か私はアメリカの個別、能力別授業に関心がもてず、日本の一斉学習がアメリカの授業よりレベルの高い授業をしていたことが嬉しくて、個別学習、少人数学習にはあまり興味がありませんでした。

昭和四十六年頃はアメリカの各地に生命の教育（生長の家の教育）の支部が出来はじめており、生命の教育がアメリカにも広がっていたところでした。一緒に行ったのは、全国から集まった四十数名のグループだったでしょうか。

参加した皆さんと一緒に行動する中で、鹿沼先生から常に子供たちの教育のことについて、いろいろお話がありました。

「人間の本性は神性・仏性であって、神の子・仏の子である。素晴らしい素質を本来持っているのである。」

「人間は無限の可能性を持っている。子供の能力を引き出すのが教育だ。」

研修で、一番記憶に残っている鹿沼先生からのお話は、

「自性円満完全を自覚した時、メタフィジカル・ヒーリングとなる。」

この話でした。深い意味がわかりませんでしたが、何か好きな言葉でした。

私はこの本を書くにあたり、その時のしおりを開いてみたら、巻頭言に鹿沼先生が、

《『生命の實相』（生長の家創始者・谷口雅春著、日本教文社刊）第一巻の総説には、その冒頭に、

『生命の実相の自性円満《そのままでえんまんなこと》を自覚すれば大生命の癒力《なおすちから》が働いてメタフィジカル・ヒーリング

（神癒《しんゆ》）となります』と書かれています。すなわち、「自覚の教育」と「神癒の教育」が生命の教育の真髄となります。》と書かれていました。

私は、今ビックリしているのです。それはあの海外研修で、鹿沼先生が言われた一番大切なことをこの研修で学んでいたと言うことです。この冊子を見るのは三十年ぶりなのです。しおりの巻頭言にこのことばが書いてあるなど完全に忘れていました。しかし若い私は、他のことはほとんど忘れたのですがこのことだけはしっかり覚えているのでした。そして、今振り返るとこのことばが私の人生のすべてであった、そう言えるのであります。

三十一年前、私がこの研修会に出ていなかったらこの本は無かったということです。私の教職人生は、今考えると、この研修によって定められていたと言える不思議なご縁を感じざるを得ないのです。そして、私はこの時のことをひたすら実践してきたと言うことです。運命の不思議さを感ずるのでした。

この研修会で、人間には無限の可能性が内在している、この可能性を引き出すのが教育である、ということを知り、私にとって教師のスタートの時点でこの研修会に参加したことは私の人生を大きく変える転機となりました。

でも、日本に帰ってきて、やはり自分の目の前にいる子供たちを見ると、現実の子供たちに無限の力があるということに矛盾を感じ、なかなか実感としてわいてこないのです。これは理想であって、現実でないと落ち込むのでありました。

その頃私は、田沢小学校で田沢剣道スポーツ少年団を指導していました。このスポーツ少年団は、中里村の村長さんをされていた、藤田五郎さんの息子さんで歯科医の藤田博さんが会長でした。田沢小学校の学校医さんをされていました。

藤田先生と私が中心になり、それから中里村の剣友会の若い方、田中さん、滝沢さん、広田さん等で、田沢小学校四、五、六年と田沢中学校の子供あわせて約二百名に、月、火、水、木、金曜日、大会の近くになると、土曜日も日曜日も指導をしていたのです。

毎日練習をしていたものですから、市の大会や二市三郡の大会で勝たせていただきました。いつも大会で四年、五年、六年と中学校生の部ともみんな優勝したり、いい成績はあげていました。

でも、剣道を教えていても、子供の中に無限の可能性があるというようなことが、どうも実感として自分では分からないのです。

私もその頃、剣道四段でしたので、子供とすれば負けないし、また、野球なども教えていましたが、野球の球だって私が思い切り投げれば子供は打てないので、手加減して投げて打たせる、というような感じでした。また、走ることでも同様で、子供に無限力があるということを実感できたのは、長い時間をかけて一つ一つの体験を積み上げてみてはじめて自分のものになっていったものです。

子供に無限の可能性があるなど理想論だと思うようになり落ち込んできた時、純粋な子供たちから逆に「生命の教育」の基礎を教えられたのでありました。

そしてその課題は、子供に宿る内在の無限力を、言葉の力で引き出すことができるのか。もう一つは、本当に言葉には子供の力を引き出す力があるのか、「言葉の力」についてです。

この二点を生命の教育による実践によって確かめたいという気持ちが私の中にありました。しかし、力のないこの頃の私にとっては、とうてい無理な話でした。

私は、ただ、海外研修で聞いてきたことを、子供に投げ返しただけでした。その意味や深い真理を理解していたのではないのです。意味や効力など何も解らず、正しいだろうと子供たちに話していたことが、子供たちは純真な気持ちで私の話をとらえ、実際に行動し、答えを出してくれました。そして、私に「先生の言うこと本当だね」、「言葉には力があるね」と、私が言った生命の教育法は本当だったのかと、逆に気づかせていただいたのです。

「言葉の力」を初めて体験したのがあの双子の兄弟であったわけです。「大丈夫だよ」と話し「君、どんどん強くなるね。もう弟と同じになるんじゃないか。いや、ひょっとすると君の方が強くなるかもしれないなぁ」とか、言葉の力を意識的に使っただけだったのです。すると誉められた子はどんどん強くなったのです。私は村の大会で勝てるなどとは予想だにしなかったのです。

この体験を通して、これが鹿沼先生の言われた「言葉の力」による無限力の発現なのかなぁと少しずつ気づかせて頂いたのです。子供の成長に「言葉の力」「誉める言葉」がいかに大切なことかを気づかせて頂いたのです。

学力テストで好成績が

その頃私の隣の学級は、中里村で「あの先生は素晴らしい先生」と非常に有名な先生が担任しておられました。その当時の校長先生は、若い私では不安であるためベテランの先生と一緒の学年にしたのだと思うのです。その先生は、村で一番一所懸命で、指導力のある先生だという評判のS先生で、学力テストなどでは、いつもクラスの子供たちにいい成績を取らせていました。学校の中でどの先生もS先生に一目置いていました。それに比べ若い私は頼りないものに映っていたと思うのです。

私は、五時になると体育館で学校歯科医の藤田先生と一緒に毎日剣道スポーツ少年団を教えておりました。放課後は野球部の指導もしておりましたので、放課後に子供を残して勉強を教えたりするような時間はまったくなかったのです。

そこで、私は校長住宅を借りていましたので、

「土曜、日曜、先生の家に来て勉強したい人は来てもいい」と言いましたら、ほとんどの子供が私の借り家である校長住宅に勉強に来ました。

　私の借りていたその校長住宅というのがすごくて、昔、芸者屋さんの置屋みたいなところで（実際その地域には芸者さんがいた）、芸者さんが奥の部屋で化粧したりするような、そういう小さい部屋があったのです。その隣にまた大きい部屋があったりする。一階だけでもいくつも部屋がある大きな住宅でした。何となく薄暗くて、そんなに掃除もできないし、もてあましているような家でした。

　そこで、玄関から入った大きな部屋と隣の部屋とをズーッと広げるとかなり広いスペースが出来たのです。その頃田沢小学校には礼法室という畳の部屋があり、そこはもう使わない部屋で、坐り机がいっぱい余っていたので、その机を借りて来て、校長住宅の一階の部屋に机を並べて勉強させました。そうするとクラスの子供はほとんどがみんな勉強しにくるようになりました。平日は剣道をやっていたから土曜、日曜だけ、それに冬休みや長期休業日には、私の住宅にみんな勉強しにくるのです。

　私は別に勉強を教えるわけでもないのですが、来ると、「六年生の仕上げ」だとか、国語、算数、理科、社会の問題集があって、その問題集をやるのです。遠い子は別として、ほとんどの子が勉強しに来ていました。

ところが、教室ではそんなに一所懸命勉強しない子が、校長住宅へくると不思議といい子になって一所懸命勉強する。あれは本当に不思議だなぁと思ったのです。学校でもいつもこれぐらい勉強してくれりゃあ楽なんだけどなぁと思うほど勉強して、ちょっと分からないところがあると、私の家内も教員をしてましたので、家内に聞いたり、私に質問したり、友達と教え合ったりして真剣に勉強するのです。

一所懸命やると、「大変よく頑張りましたね」とシールを貼ってやったり、合格の印をサインしてやったりしていました。

いつも問題集を解いて、子供たち自身で答えあわせをしたりして、そういった問題集も、何回も何回もやる。それで「先生、もっと新しい問題集を買ってほしい」という子供もおり、自分で何冊も購入した子供がいました。

小学校の問題はもうすべてわかる、そんな子供も出てきました。三月に学力テストがありました。今は、国語、算数と二教科ぐらいの学力テストですが、その頃は、国語、算数、理科、

社会、四教科の学力テストが毎年行われておりました。

一クラス四十二人ぐらいいたのですが、もう理科などは四十人ぐらい五段階評定の評価の5を取って、国語、算数、理科、社会の四教科とも5を取ったのが、二十人ぐらい出ました。三教科、二教科に5を取った子を含めるとほとんど全員になりました。

隣のベテランの先生もびっくりです。今まで、その先生が一番指導力があると言われて、先生もプライドを持っておられたのですが、学力テストをしたら、うちのクラスがめちゃくちゃいい成績を取ってしまう、私みたいな、まだ教員になりたてのホヤホヤの人間が担任する子供が、みんないい成績を取ってしまったのです。ベテラン先生のプライドを傷つけてしまいました。

それが原因で辞められたということはないと思うのですが、ちょうどお母さんも病気をされており、その看病をしたいという家庭の事情があって辞められました。

人には「私、もう若い人に譲るわ」とか言っておられたとか、そんな話も小耳に挟みました。こんなこともあって、校長住宅は勉強するところということで、自主的に勉強し成績を伸ばし実力をつけてくれました。こんなことでも、子供たちにはどの子もやれば出来る無限の力がやはりあるんだなぁー、内在しているんだなぁー、と実感したわけです。

若いのと、広い校長住宅が地域の真ん中にあった、そんな条件が備わって出来たことであり、私の忘れられない若い頃の経験でした。

人間、神の子無限力というようなこと、どんな子供にも無限の力が宿っているんだということは頭ではわかっていても、それを教えられて気持ちが高揚していても、どうも私は、何かしっくりこない、つながらないという感じがしていたのですが、社会、理科や算数、国語など学力テストでいい成績を取ったりした子供たちの姿が、私を少しずつ子供の無限力を理解できる人間にと育ててくれたのだなあと今では思えるのです。

思ったことは実現する

昭和四十六年頃、よく鹿沼先生が講演で、学芸大学の附属小学校の校長になった時のことを話して下さっていたことを覚えています。

それは鹿沼先生が若かったころのことです。「自分はもうすでに校長になった、校長になった、ありがとうございます」と、紙に書いて見えるところに貼っていた。それを見るたびに、「もうすでに自分は学芸大附属小学校長になりました。ありがとうございます」と心の中で唱えていた。

「ただ、そう言っていたら校長になりました」という話をされていたのです。言葉には力がある、言葉は神なり、言葉の力は素晴らしいと、自分の体験談を話して下さったのです。

「へえ、鹿沼先生はすごいなぁ」と思って聞いていました。

それでも、先生は偉い方だから、私らとは全然違う方だから、そういうこともありうるんだ

ろうなぁと、そんな感じで聞いていたのです。

それでも子供たちに、自分の思ったことを紙に書いたり、毎日言ったりすると、それが実現するんだという話を、朝の学級指導の時間とか、道徳の時間になるとついついしているのです。ある時、自分の心の中に強く思ったことは現れるという話を、帰りの会でしていました。

そうしたら、ある子供が、次の日私の所へ来て、

「先生ね、昨日ね、僕は家に帰る途中ズーッと歩きながら、ラーメン食べたい、ラーメン食べたいと家に着くまで言ってたんだ」

そして、家に着いたら、「やあ、お帰り。おい、今ラーメン残ってるから、ラーメン食べなよ」って言われたと言うのです。私に、「先生、本当に心の中で強く思うことが、現れたの。先生の言ったの本当だね」と言ってくれました。私はびっくりしてしまいました。まさか、本当にそうなるなんて思ってもいなかったのです。このように、純粋な子供はこうしてすぐ答えを出してくるのです。

同じようなことをほかの子も報告してくれました。

ある子は、先生から心に強く思うことは実現するという話を聞いて、心の中で強くズーッと思っていた。その子は本当に私の話を信じていたようです。私が帰りの会で話したときから思い続けたそうです。何を思っていたかと言うと、

「空気銃が欲しい、空気銃が欲しい」と思った。

「空気銃をもらった、もうすでに空気銃をもらった」と、ズーッと思っていたというのです。私達の若い頃は雀を獲《と》ったりするような空気銃がありましたが、そういう危険なものではなく今でいう玩具のエアーガンのような物だったのかな、とも思いますが、実物は見ていません。その子は私の話を聞いて、強くそう思っていたそうです。

「そうしたら先生ね、大阪のおばさんが来てね、突然、僕に空気銃持ってきてくれたよ。先生の話、本当だね」そんなことを話してくれました。

私はその頃、そういう話はしたけれども、その結果については自信もなかったし、言葉の力も信じていませんでした。ただ、鹿沼先生からの聞きかじりの話を口で伝える、道徳の時間だとか、学級指導の時間、帰りの会の時間に話していただけなのですが、子供たちがそれを素直に聞いてくれて、それを素直に信じ実行して、結果を言葉で私に返してきてくれたのです。

私は「言葉には力がある」ということが、話だけ聞いていても実感としてわからなかったの

が、子供たちのそういう話を聞いて、そうかな、そうかなと、私が子供に教えられて本当に思うようになりました。今では、誉める言葉こそ子供の内在の力を引き出す最大の武器だと信じています。私のそれからの体験も、すべてこの言葉の力によるものだったのです。

水泳との出会い

こうして田舎の学校でしたが、田沢小学校で陸上や剣道などで子供と楽しく過ごさせてもらった時代が懐かしく思い出されます。

田沢剣道スポーツ少年団での指導は楽しいものでした。中里村の剣友会の若い方と、そして学校歯科医の藤田先生と毎日剣道をしていました。剣道大会には、郡市の大会ではいつも優勝しました。二市三郡の大会も団体は一位、二位、三位をとることが毎年のように当然のことと思われていました。毎日練習する剣道スポーツ少年団だったから、練習量も当然他の団体より多かったわけです。また、田沢小学校の、勉強や運動が出来る子供がみんな集まる優秀な集団だったので一層そうさせたものと思っています。

その勢いをかって、会津若松で行われた全国大会へ連れていきました。当然勝つつもりで行ったのです。しかし、会津に行った時はさすがに負けてしまいました。歯が立ちませんでした。帰りの道のりの長かったこと。負けた悔《くや》しさをこの時いやと言うほど感じました。帰りの時間の言葉にならない悔しさが体の隅々まで染み渡りました。そして、負けるとはこういうものがと私の体に染みついたのです。その時から勝負の世界の厳しさを私は肌で感じ取っていたものと思います。

しかし、その時の私にこれから水泳の世界で十五年間にもおよぶ勝負が始まるなど、まだ私は気づいていなかったのでした。

この会津の全国大会から、子供には無限の力がある、このことが信じられなくなってきました。全国大会や県大会で負けることにより自信が失われてきたのです。本当にどの子にも無限の可能性があるのだろうか、何か信じられない。そういう思いが湧いてくるのです。「能力のある子供しか勝てないのでは？」等と考えるようになっていくのでした。

みんなと楽しく剣道していることでそれで満足なんだ。勝負にこだわるよりみんなで楽しく剣道をするそのことが素晴らしいんだ、と思っていました。全国大会で負けた悔しさが体に染みているわけですが、剣道では何故か勝負に夢中になる気持ちにはなれませんでした。子供たちを剣道で厳しく絞り、強くしようとは考えませんでした。

体育館が一杯になるほどの人数で練習をして、歯科医の藤田先生や剣友会の皆さんがいい人ばかりだったから、その人たちと一緒にやっていることで満足していました。後にお話しする水泳の時のような、涙が出るほど悔しくて、「絶対、勝ってやる。俺がやってやる」という思いは何故か剣道では起きてこなかったのです。今考えると不思議です。

そして私がアメリカにまで行き、生命の教育を研修してきた、子供に内在の無限力がある、この熱き思いが薄れかかっていた時でした。

ちょうどその頃、私に何かを気づかせるきっかけがやってきたのです。

長岡市にある上組《かみぐみ》小学校の水泳部と野球部の子供たちが、長岡での水泳、野球の大会を終え、中里村の清津峡温泉に、保護者会でバスを仕立てて、合同のご苦労さん会旅行ということでやって来たのです。

野球部は準優勝だったようですが、水泳部は優秀な子がたくさんいて、大会で圧勝し、優勝祝いにご苦労さん会を兼ねて来たということでした。

私が田沢小学校にいたものですから、野球部は、田沢小学校の野球の子供と練習試合をする。水泳部の子は、その野球の試合の時間、田沢小学校のプールで泳ぐ練習をするということだったのです。

このとき上組小学校が来なかったなら私は水泳をやっていなかったでしょう。
私の人生を大きく変える出来事があったのです。
田沢小学校と上組小学校との野球の練習試合を終えて、私は、体育主任なのでプール管理が気になり、プールに行って上組小学校の水泳を見たのです。するとどうでしょう。その時、子供たちがちょうどバタフライの練習をしていました。次から次へと泳ぐ子がバタフライをスイスイスイスイ、どの子もどの子も泳ぐのです。
私の子供の頃などは、バタフライなどというものはなかったし、私もバタフライで泳ぐことなど出来ない。今まで見たこともなかったものですから。それで、子供ってこんなすごいことが出来るのかと思ったのです。もし数人がバタフライで上手に泳いでいたのなら、私は驚かなかったかもしれないのですが、その時、どの子もどの子も、私が泳げない泳ぎ方をバンバンやっているじゃないですか。大人の私が出来ないような事を子供がやっている。私は、異常に驚きを感じたのです。もしこの時、クロールでもやっていたら何とも思わなかったのですが、その時全員がバタフライをやっていたのです。

それで、その水泳部の子供たちに大変な刺激を受けた私は、放課後プールで、一人で水泳の、バタフライの練習を始めたのです。子供が泳いでいたイメージが頭の中にこびりついておりました。そのイメージをもとに一人で練習しました。不思議とそのイメージが私の中に鮮明に出来ていて、でそのイメージに合うまでいろんな動作をしながら、そのイメージを求め続け、誰からも習うことなく、指導してもらうことなく、バタフライがイメージどおり出来るようになったのです。これが私の水泳へかかわる直接のきっかけでした。不思議な因縁です。

そんなとき、私の恩師の西野先生という大校長先生が、「今度は下条《げじょう》小学校に来てみないか」と声をかけてくださいました。実はそれまでいた田沢小学校に来る時も、西野先生は田沢小学校におられて、うちの学校へ希望を出しなさいと呼んでくださって、そういうことで田沢へ来たのですが、田沢へ来たら、西野先生は他の小学校へ異動されていました。

普通、教師は三年、三年で異動するものですから、私が三年経って異動すると言ったら、剣道を一緒にやっていた歯科医の藤田博先生が、

「先生が異動するんなら、私も開業医を辞めて中里村から出る」と言うのです。

それで、「いや、先生そんな事言わないで下さい」と言ったのですが、実は、その前に村長選があって、藤田先生のお父さんの藤田五郎さんが非常に素晴らしい方で村長をやっておられたのですが、純粋な方で、信念で共産党の票を蹴って、そのため、わずかな差で村長選に負けたのです。

「いや私も父の選挙で負けてね、今までみんな藤田さん、藤田さんと言ってたのが、負けたらみんなの態度が変わってがっかりした。もう中里村にはいたくない。もう剣道も中里村でやりたくない。しかし、あんたがいてくれたら……」と、私はそういう気持ちは分からないのですが、

「いや、私みたいなものでもいればいいんなら、先生、私もう二年ぐらい勤めます」と言ったら、

「先生、本当かね」と喜んでくださって、中里村で五年間勤める事になったのです。先生も、その負けた時の気持ちを整理されて、それから一緒に剣道の指導もして下さって、いろいろ大会に出たりもし、また一緒に昇段審査を受けたりとか楽しくやらせて頂きました。

私の従兄に教員がいました。その男は山形大学で剣道部のキャプテンをしていたので、私

の代わりに、田沢剣道スポーツ少年団の、私の後をやってもらうことになり、彼が来たので、「じゃあ、おまえも、そういつまでも藤田先生と一緒にやってなくたっていいんだから、下条小学校へ来い」と、西野先生というすごい校長先生、やり手の校長先生だったのですが、その先生を追っかけることにし、運良く下条小学校へ行けたのです。

ところが下条小学校へ行ったら、西野先生は、また、市の教育委員会の指導主事に出られてしまいました。

そして、そこで初めて、水泳部を担当させてもらったのです。

「来年は必ずスイミングに勝つ！」

こうして下条《げじょう》小学校では水泳を担当するようになったのです。私は上組《かみぐみ》の子供たちのバタフライに刺激されて、自分でバタフライを覚えたものですから、子供たちにバタフライを教えたい気持ちが一杯でした。

自分で覚えたバタフライというのは、人から教えてもらったバタフライではないので、自分が泳げない時の状態とか、そういう時の気持ちが分かるものですから、子供の実態に応じた指導が出来るので、バタフライを指導するのが好きでした。

その年の十日町市親善水泳大会では、他の種目は優勝できなくても、五、六年生の男女ともバタフライは優勝しました。こうして〝強い〟印象を他のチームに与えるようになりました。

それで、県大会にも出てみようと言うことになり、県大会、ＢＳＮ杯水泳大会に出場したのですが、まったくダメでした。井の中の蛙だなと実感したのです。やはりスイミングの精鋭チームの実力が一枚上で残念ながら負けたのです。(BSNというのは新潟県のテレビ放送局で、その主催によるBSN杯水泳大会は、県内でもっとも大きい小学生の水泳大会です)

負けた時は、そんなに悔しくもないし、「ああ、俺は井の中の蛙だったなぁ、もう一度、本格的にやらなきゃいけないな」と、その程度の気持ちだったのですが、それで終わればよかったんですけれど……。

昭和五十二年頃は、どこの学校もみんな水泳大会といえば、学校の代表選手を学校の名誉にかけて出すという感じで大会に臨んでいました。

その頃、スイミングスクールが盛んになり始めた頃で、水泳界を少し牛耳るような感じの時代になっていた頃でもありました。新潟や長岡でもスイミングスクールが始まって、スイミングの選手が、一位、二位とみんな上位を独占してしまう時代でした。

そうなると学校体育でやっているような練習では、もうとてもかなわない、というような雰囲気になってしまっていました。実際に、学校での部活ではスイミングスクールには勝てない、それが実態でした。しかし、まだ学校として県大会に多くの学校が出場していました。現在はもう県大会には学校として出場しているところは一校ぐらいしかありません。

さて話はもとに戻りますが、「ああ、俺は井の中の蛙だったなぁ、もう一度、本格的にやらなきゃいけないな」と、その程度のことですまなくなってしまった出来事が起きたのです。

スイミングがほとんど上位を独占している大会のプールサイドで、長岡市の中心校の体育主任たちが、何人か集まって話をしていました。長岡は新潟県第二の大都市で学校の生徒数もその頃、八百人だとか、千人以上いるような中心校の体育主任が集まっていました。その長岡の体育主任たちが話をしている近くを通り過ぎた時、その話の一端が聞こえてきたのです。

その会話の内容は、

「プロが指導している、それも毎日教えてる、かなうわけがない。」

「スイミングなんかはずして、学校だけで教えているところだけで順位を考えよう。」

「糞面白くもない。やっていられない。」……

こんな雰囲気の会話が聞こえてきました。

私はプールサイドを歩きながら偶然その話を聞いたのですが、それを聞いて、何故かわからないのですが、無性に悔しい思いが自分の内から湧き出してくるのです。そして、涙が出てくるのです。

教師のプロが、子供を教える教師のプロが、最初から諦《あきら》めて、スイミングスクールの先生なんかに勝てる訳がないと思うなど……、そんな話を、長岡の体育主任が集まって話をしているなど……、小さい学校の体育主任とか、あるいは一人や二人の体育主任が言っているのなら、それも一理あると思ったが……。

なんとも情けない、悔しい、そういう思いが私の全身から湧き出てきました。そして、「よーし、俺が必ず勝ってやる。来年は、俺が必ずスイミングを倒してやる」そういう思いが自分の中から沸々と湧きあがってくるのです。それはもう自分の心を抑える事が出来ない激しい感情でした。

涙がつぎつぎ出てきて、溢れる思いを感情を自分で抑えることが出来ないのです。家に帰っても、このことを思い出すと悔しくて悔しくて、「俺が、俺が必ず！　必ず！　やってやる。」涙が涙がとめどもなく出て止まらないのです。何故そういう思いが出てくるのかは分からないのですが……。

考えてみると、中里村で剣道などを教えていましたが、会津若松の全国大会にも、勝つと思って行く。身の程知らずで、レベルも知らずに、みんな勝つと思って行くわけです。父兄の人も一緒にみんな応援に行ってくれるわけです。

そして、大会に負けて帰ってくる時は、もう帰りの汽車の中の辛いこと。長い長い道のりに感じること。これを味わうのは勝負する監督の宿命です。

ある時は県大会で新潟のずっと県北の端っこの村上まで出掛けて行って、こっちは優勝しようと思って行っているので、準決勝などで負けて三位ぐらいになってくるともうガックリして、話す言葉がないのです。話すとなおさら悔しくて話せないのです。沈黙が続きます。何とも口に言い表せない時なのです。

帰りの電車の中が長かった、辛かった。過去のこんな経験が、そんな思いにも火をつけたかもしれません。これらのことが土台になっていたとは思いますが、剣道ではさほど勝ちたい、もっと厳しい練習をして絶対勝ちたいと言うような気持ちにはならなかったのですが、しかし、水泳の場合は違いました。負けたことよりも、自分の力のなさに、教師の力のなさに、無性に悔しいというような思いが出てきたのです。

もう、一人で悔しくって悔しくってどうしようもない。家へ帰ってきても、柱を叩いたりして、「必ず俺が来年勝ってやる」……内からの思いが沸いてくるのです。

この長岡の体育主任の言葉こそが私の魂を奮い起こしてくれた言葉であり、今、考えると「神様の声」でした。この声を聞かなかったなら、私は本気になって水泳をやっていなかったと思うのです。その言葉があったから、私は本格的に水泳をやろうと思い、そして決意したのです。

冷たいプールで頑張った子供たち

ＢＳＮ水泳大会に負けて帰ってきてから、翌日から来年のＢＳＮ水泳大会に向けて活動を開始しました。下条小学校《げじょう》の子供たちと土、日は六日町の温水プールにまで練習に行きました。下条からは約五十分程かかります。保護者の方からも全面的に協力をえて練習が出来ました。また、冬には水泳が本格的に出来ないので、水泳のトレーニングにとスキーをやりました。水泳もスキー（クロスカントリースキー）も左右対称的な運動で、心肺機能が大切な運動であり、相関関係が深いスポーツです。不思議と水泳の練習には効果的で関連があるスポーツでした。スキーの練習だけでも水泳のタイムがあがることも経験しました。

雪国ですので冬場は本格的にスキーをやって、スキーが始まるまで温水プールに連れていって水泳をしておりました。

十日町は「雪の町十日町。着物の町十日町。恋の町十日町」と歌で歌われるほど雪がいっぱい降る地域です。特に下条地域は雪を消すために消雪パイプから地下水が噴水のように出て道路の雪を溶かす設備があります。その水は地下水を使うので、温かい水（18度）が出るものだから、雪がおもしろいように溶けます。

その水をくみ出す井戸が、下条小学校のプールの近くにあったのです。

その水がプールの水にもなっていました。ですから、春先でも水温が摂氏18度もあるのです。かなり温かい水がでる井戸なのです。ですから道路の雪がとてもよく消えるのです。冬はいつも湯煙がでている程です。

その水温18度という温度は、なんとか泳げる温度なのです。小学生が泳げる限界の水温といえます。それ以下になったら泳げないのですが、18度、19度ぐらいになるとまあなんとか泳げる。それで春先から、その地下水をプールに入れてもらい練習したのです。もう四月下旬でプールの水温は18度で水泳可能な温度になっているわけです。

今では一年中、温水プールが開いているのが当たり前ですけれども、その頃は、このような早い時期から練習を始めた学校はまだ下条小学校くらいだと思います。

昭和五十年頃は雪が多かったので、四月まで雪がグラウンドにいっぱいありました。全校で雪を割り、グラウンドに穴を掘り土を出します。少しでも早く雪を消す淡い努力でした。

五月の連休が終わった頃から本格的にプールで子供たちを泳がせました。人から見ると、ちょっとやりすぎじゃないか、あんな寒いところでよく泳がしてるなぁ、というような気持ちで見ていた人もあったかもしれませんが、子供たちはそれでも頑張っていました。

プールの縦、二十五メートルを泳がせると、子供たちは寒がって、冷たい水温に耐えられないのです。それで、水泳の練習方法としては、横の短い十三メートルをバンバン泳がせるようにしました。短い距離で集中して何本も何本も泳ぐので、寒さもそれほど感ぜず、練習できました。それなりの成果もあったのだろうと思っています。

私はプールの水温を上げることにこだわりました。水温1度上げることによって、可能な練習量が全然違うのです。それで、水温をあげることに大変苦心しました。水を入れた日は水温は18度あるのですが、その次の日になると水温が2度あるいは3度ぐらい下がるのです。夜になると気温が下がって、それで水温も下がる。そして、日中になると太陽で温められて、また20度ぐらいになるわけです。

それで、この夜の間に下がる水温を少しでも防ごうというので、その頃、農業用や、工業用に使うブルーシートが安価で出ており、それをプールにかぶせました。今も温水プールでは冬期間は使っています。

練習が終わるとプール全面にブルーシートを張ります。張るのは比較的簡単なのですが、取るときが大変です。ブルーシートをかけてしまうと、ビニールが水にピタッとくっついて、これを外すのがまた大変な作業でした。やった人でないと、この苦労は理解できないでしょう。これをまた、プールサイドにキチンと整理してかたづけなければならないのですから本当に大変な作業なのです。

二十五メートル×十三メートルのプール全面にかけるわけですから、三十メートル×十六メートルという大きなビニールになってしまいます。

それを、子供たちと取ったりかけたり、この作業だけで毎日一時間以上は要していたと思います。全員で協力しないと出来ません。みんなが心を一つにしてビニールを片づけたものです。毎日の練習に一時間取られるのは大変な痛手でもありました。しかし、子供たちと一緒にやり続けました。少しでも水温を上げるためです。そのシートを掛けると、3度下がるのが2度になる。そうすると日中温められるから、少しずつその温度が上がってくる。

そういうようなことで、大変な仕事が増えましたが、プールの水温を上げるために子供たちと一緒に頑張りました。ビニールシートを剥ぎ取るという大変な仕事を毎日毎日子供たちと力を合わせてやることの意義は練習よりも大切な経験でした。これが練習に効果を上げる力となったと考えています。子供たちの血となり肉となり、苦労に無駄はありませんでした。この尊い体験をみんなで出来たことを喜んでいます。

とくに校長先生が、「まあ河内に自由に活動させたい」と、温かい目で応援してくださっていましたことに心から感謝しています。

その頃の選手は、学校の中で成績も優秀、運動もできる、そういう子がみんな水泳部に入ってくる、そういう体制だったので、いつも優秀な子供と一緒に活動できたのです。能力の高い意欲的な子供を教えていればよかったというような時代でした。他に部活動が無かったから意欲的な子供がみんな集まってきたというわけです。

この時、私が部活動を教えていた下条の子供から教員になった人が数名おり、水泳やスキーの指導者になっている人も数名おります。国体で優勝した教え子も二名おりました。私の後をついでくれている子供がこのように多くいることは本当に幸せです。

「大会のテレビをご覧ください」

雪国の小学校でしたので、ビニールを覆う等、水温を上げる工夫をしながら、水泳の練習をしていました。みんなが本気になって練習していたので、「市内大会は、みんな勝つのが当たり前だ」みたいになって、みんな楽勝、ほとんど全員が入賞するというように力をつけていました。力がつくまで練習をしたというのが正確な表現でしょう。

そしていよいよＢＳＮ杯水泳大会、県大会であるところのＢＳＮ杯水泳大会に出ることになったのです。

その朝、私が学校へ行ってみたら、新聞の中にチラシが入っていました。

《下条小ＢＳＮの水泳大会出場、四時から放映、ＢＳＮテレビをご覧下さい》

びっくりして聞いてみると、水泳部の父兄がみんなでその広告を新聞の中に入れたというのです。

下条小
BSN杯
水泳大会出場!
午後4時から放映!
BSNテレビをご覧下さい

そんなに大きい村でもない下条村ですが、それだけ水泳部の父兄の人が水泳に期待をしていたのだと思います。まだ泳いでもいないのに、もうみんな勝つと思っているのです。《四時放映、ＢＳＮテレビをご覧下さい》などと書いてあるのです。

いや、私もこれは一体どうなってるんだろうと、そんなことでビックリしていると、

「先生、横断幕を作った」と言って、

《がんばれ、下条小》

と、父兄の人たちが自分たちで徹夜して布に書いて作った横断幕を持ってきてくれました。「今日は、何が何でも頑張らしてくれ」と、ありがたいやら、ビックリするやらです。でも勝負するのは子供たちですから、

「いや、本当にありがとうございます」と言って感謝していただきました。

こんなにまでして頂いて有難い気持ちが、私たちや子供たちに伝わっていきました。

いよいよＢＳＮ杯水泳大会競技開始です。最初の種目が二百メー

トルメドレーリレーです。見事、予選でメドレーリレーが一位になりました。決勝は午後四時から、実況放送でテレビで放映されるのです。

そのテレビ放送でアナウンサーが、

「新興勢力、下条小突然現る」というような放送をしてくれていたのを今も印象深く覚えています。五時から流れるニュースの時間にも、リレーの決勝の様子が放映され、

「新興勢力下条小学校がリレーも優勝をさらっていきました」

山の田舎の学校が突然BSN水泳大会に出て勝ったのです。まったく下馬評にも上がらなかった無名のチームが優勝をさらったのです。

その時の、BSNの県大会では八種目優勝という大成果を上げることが出来ました。昨年の「涙……涙」から「必ず俺がスイミングを倒す」その決意が実現したのです。

ところがこのタイムが全日本水泳連盟に送られ、記録で日本一の表彰を受けました。賞状が日本水泳連盟から送られてきました。地域の人は大変喜んで下さり、記念の石碑を作って下さいました。

十日町新聞には元旦号に大々的に、下条小学校の水泳の頑張った全国一位の様子、選手の抱

負などがのりました。

こうして地域からも父兄からも喜んでもらい努力の成果が形として残せたことをみんなで喜び合いました。

町　新　聞　　昭和53年1月1日　（日曜日）　（5日刊）　(6)

下条小が水泳王国に

連盟が優秀校として表彰

昨シーズン、圧倒的な強さを発揮して県下の小学校水泳界をリードした市立下条小学校（斉藤正夫校長、児童数三百五十一人）では十一月二十七日、日本水泳連盟（藤田明会長）から五十二年度学童水泳優秀校として表彰を受けた。これは、同連盟が底辺の拡大と援助の意味を含めて、一県一校を対象にその年に活躍した学校を表彰しているもので、勿論市内では同校が初めて受賞した。また、昨年暮には、同連盟が発表した全国小学校水泳五十傑に、女子二百メドレーリレー（川崎弘美、池田明美、村山直美、山田由紀子）が第一位にランクされたほか、個人では百平背泳の村山京子選手が1分30秒4の好タイムで二位に入るなど、めざましい活躍をとげた。そこで本紙では、学校教育の一環として、地域ぐるみで取組んでいる同校水泳部の現状を取り上げ、ことしの抱負について監督の河内千明先生に聞いてみた。

優秀校として日本水連から贈られた表彰状とペナント

積極的に対外試合に挑む

国一位にランクされた下条小200mメドレーリレーのメンバー

下条公民館が完成

早くも四日からオープン

地域住民の拠点となる下条地区公民館

女子二百メドレーリレーで一位

日本水泳連盟が記録を発表

いきなり全国レベルに

ＢＳＮの大会で大きな成果をあげたとき、私はふと思い出したことがあるのです。

下条に行った時からいつも、大会前になると鎮守様にお参りに行っていたのです。それは、「勝たして下さい」とか、そういうお参りではなくて、「今日まで氏神様の氏子と一所懸命練習できたことを、素晴らしい仕事が出来たことを、神様に感謝御礼申し上げます、ありがとうございました。これからも頑張りますので、よろしくお守りをお願いいたします。本当にありがとうございました。」そのようなお礼のお参りに行くのが私の常になっていました。

地域の方も、河内は大会前になると必ずお参りに行ってくれるんだということを、みんな知っていて、ああ、また河内がお参りしていると思っておられたようです。

ＢＳＮのときもお参りを済ませて境内を降りてきていたときでした。どこから聞こえるのか分からないのですが、

「汝の願い叶えたりー」という大きな声が、頭の上から聞こえてくるのか、背中の方から聞こえてくるのか、足から聞こえてくるのか、林の中から聞こえてくるのか分からないけれども、「ガーン」と聞こえてくるのです。

「ハッ」と後ろを見ても、誰もいない。「あれ、恐ろしいなぁ」というような気持ちになって、早足で歩いて行くと、

「汝の願い叶えたりー」というおごそかな声がまた聞こえるのです。私は、「ああ、こんな威厳のある何か恐ろしいようなことは初めてだ」と、神様に恐ろしいと思うなど失礼ではないか……などと、なんとも表現できない変な気持ちで帰ってきたことがありました。

そして次の日、ＢＳＮ水泳大会で八種目の優勝をさせてもらいました。このとき、私は昨日の、

「汝の願い叶えたりー」

を思い出して、「神社の時の声は、このこと、県大会八種目優勝だったんだなあ」と、そう思っていたのです。

ＢＳＮの大会が終わってからのことです。

まだその頃は全国から一堂に会しての水泳大会、全国大会というものがない時代でした。それで、水泳連盟が全国の都道府県の大会の記録を集めて、全国の記録を全国表彰として発表していたのでした。

その年も全国からのデータが集まって、その結果を日本水泳連盟が発表したのです。

そのときの下条小学校のメドレーリレーが、全国で一位になったのです。それから、女子のリレーが三位、それ以外に個人種目が七種目入賞していました。

全国一位の結果を新潟県水泳連盟から電話で聞いたときは本当にびっくりしました。

下条神社の神様はこのことを、

「汝の願い叶えたり」

と言ったのかなぁと思って、神様はお見通しだったのかと不思議な思いで一杯でした。私は嬉しい気持ちをさっそく下条の鎮守様にお礼のお参りをしたものでした。どのことをさして神様が言われたのか分からな

下条神社

いのですが、人生には不思議な体験もあるものだと思ったのです。

このように私の水泳デビュー戦が全国一位だったとは不思議な因縁であります。そうして、私はこのことから水泳の世界にのめり込んでいくのでした。

県水連から直接電話が来て、

「賞状を貰いにくるように」と言われました。賞状を貰いに行って、貰ってはじめて現実として実感したような、帰りの車の中で、

「やったー!」なんて一人で、でかい声を出して喜んだものです。車の中で一人何度も万歳と叫んでしまいました。

それでも、学校へ行って、校長先生の前で、当然のような顔をして、

「ありがとうございました」と報告していた自分が、その時の喜びを素直に現わせばいいのに、何にもなかったような顔をして、「貰ってきました。」などと、あさましい自分がいるなぁなんて思いながらも、校長先生に報告したものでした。

校長先生は素直に喜んでくれ、

「あなたの努力が報われたね」と言って下さいました。

「今日は、お祝いだ。君と二人で、小千谷《おぢや》の最高の料理屋で一杯やろう」と言うことになり、校長先生と私の二人で祝杯をあげました。芸者さんからお酒をついで頂くなど私にとって初めての経験であり、宴も盛り上がりました。寛大な校長先生のもとに指導できた運の良さを本当に喜んでいます。

すっかりいい気持ちになった私を、九時の急行に間に合うからといって駅までタクシーで送って下さいました。汽車に乗ると急に酔いが回って眠ってしまい、とうとう新潟まで行ってしまいました。駅の改札口を出てようやく長岡でないことに気づき、切符を買って長岡まで引き返したものです。前の席の人に訳《わけ》を話し、「もし眠っていたら、たたいて起こして下さい」と頼んだものでした。案の定、起こして頂き無事長岡に着きました。このことは決して言うまいと校長先生には秘密にしておきました。今になって考えると楽しいひとときでした。

下条では、そういういい思いを沢山させてもらったなぁと強く印象に刻み込まれています。

この話を書いたら、どうしても次の話を書きたくなりました。それは、下条の山神医院さん(仮名)のお話です。山神医院さんは地域のために本当に尽くして下さる先生でした。

下条小学校の運動会が終わり反省会の二次会はいつも山神先生のお宅でした。沢山の料理が並び飲んだことの無いような高級のウイスキーが並びます。目を白黒させて頂いたものです。学校での大きな行事ごとに先生のお宅によばれてごちそうになりました。

先生ご夫妻は運動会の様子、地域の人たちの様子をお聞きになりニコニコされて聞いて下さったことがとても印象的です。

しかし、先生のご厚意に甘えて失敗したことがたくさんありました。スキー大会での反省会の二次会にまた山神先生のお宅におじゃましました。例のとおり歓待して下さり子供たちの活躍を心から喜んで下さいました。私もお酒が好きで沢山戴いて酔いつぶれてしまいました。次の日目を覚ますと、見たこともない部屋の中で一人寝ています。周りを見るとむずかしそうな本がビッシリ並んでいます。

「しまった！」、そうです。山神先生の院長室でした。眠ってしまったことに気づき、おそるおそる、布団をたたんで出ようとすると、後ろから看護婦さんが、

「先生、院長先生が朝飯を食べていくようにおっしゃっていましたよ。おいでください。」というのです。私は、いやいやこれ以上迷惑かけられません、と早々に引き上げたものでした。

先生との思い出はまだたくさんあります。

その一つに、スキー場建設の準備に私が体協の役員とブルドーザーを運転する人と一緒に、

山をスキーコースにするために整備していたときでした。

　暑いだろうと山神先生の奥様がわざわざ私たちのために冷たいビールとおにぎりを差し入れして下さいました。本当に恐縮、恐縮そのものでした。こんな小さな所まで私たちに気づかって頂いたことに心より御礼申し上げたのです。

　このように、私は地域の人にかわいがられ、そして、素晴らしい子供たちと一緒に若き時代を過ごせたことに感謝しているしだいです。

　また、子供を通して、

「自分が本当に決意する、腹の底から思う」ということは、本当に実現するんだなぁと、身をもって体験させていただきました。

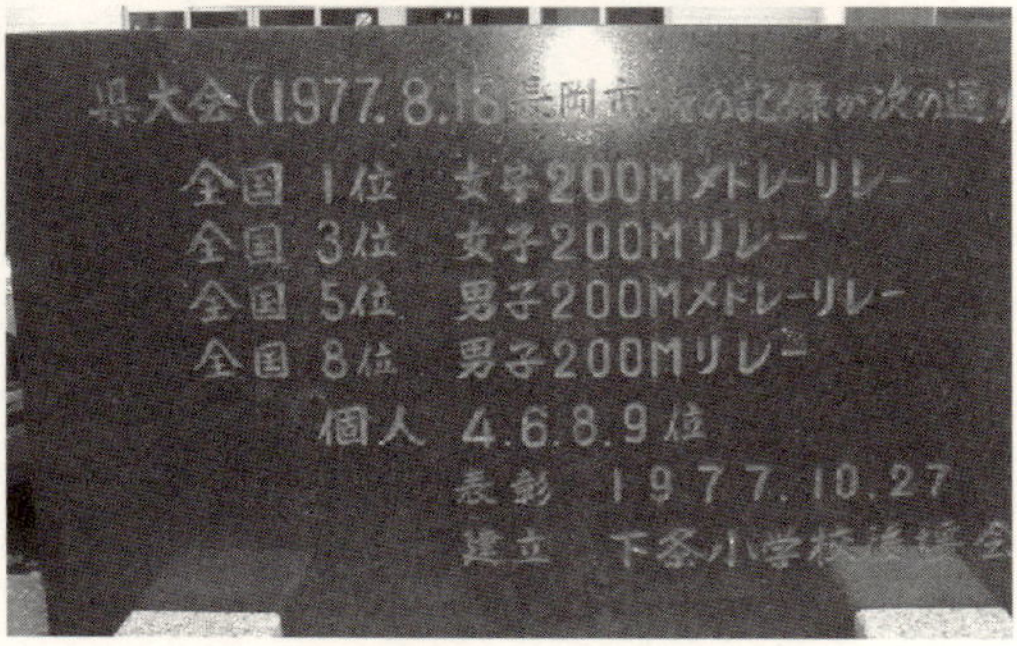

下条小学校に建てられた記念碑（表裏）

肥満児が選手になって活躍

下条小学校の時代でいろんないい思い出や、体験をさせていただいたのも、子供たちが頑張ってくれた結果でありました。また、その子供たちの頑張りを支えたのは、やはり生長の家の教育法で学んだ子供を認める言葉、「言葉の力」でした。水泳の指導をしている中で、ついつい鹿沼先生に教わった話が出てくるのです。

「自分はもうすでに、何秒で泳いだのだ」とか、

「もうすでに出来たのだ」と、そのような言葉の力を使って子供たちを指導していました。

ある時、温水プールへ練習に行った時に、目標を紙に書いておくことが必要だと指導しておいたら、ある子供が、カレンダーに「37秒出したい」と書いておいたそうです。

そうしたら、

「先生が出したい、出したいではダメだ。出ていないから出したいと思うんだ。もう出したと

思わなくてはいけない、心に強く思ったことは実現するんだ。」そんなことを私は子供たちに言ったそうなんです。すると子供は、

「先生、私、カレンダーに何月何日に、37出したと、カレンダーに書き加えました」と言うのです。そして、

「そしたら、書き加えたその日、温水プールに行って泳いだら、そのタイムが出た」と言うのです。

「先生、先生の言う話、本当だね。」

子供はこのようにすぐ実行してくれるのです。私はその話を聞いてまた、言葉の力を認識するのです。

言葉によって子供が指導される、言葉の重要さをひしひしと感じさせられるのです。このように子供たちに自分の目当てを紙に書かせ自分の部屋や机の上に貼り常に思うことを指導していました。

下条に、平沢電気という、下条では大きい電気屋さんがありました。そこのお母さんがプールサイドに来て見ているのです。何をしているのかなぁと思って、

「何か、用でしょうか」って言ったら、

「いや、実は家《うち》の子、肥満児なんだけれど、水泳の選手になんかもちろんなれないだろうけれども、うちの子をなんとか水泳部に入れてもらえないだろうか」と言うのです。

「水泳部に入れてもらわなくてもいいのだが、せめて端っこ（プールのすみの方）で肥満解消のために泳がしてもらえないか？」と言うのです。

その頃はだいたいみんな下条小学校の運動ができる子が水泳部に入っていたものですから、本人も運動も苦手だし嫌いなものだから、遠慮がちに言われたのですが、私は、

「いいですよ。みんなと同じ練習に加わるわけにはいかないでしょうけれど、特別メニューで練習させますからいいですよ。どうぞ明日から来て下さい」

その子は学校の中で一番横に大きい子でした。次の日からプールに来たのですが、みんなと同じ練習などとてもできないので、はじめは伏し浮きの練習だとか、伏し浮きをしながら足をバタバタさせる練習だとかをやり、その練習が終わると、次はこれをやりなさい、また、これをやりなさいと言うと、その子は黙々と一人でやっていました。

そうするうちにだいぶ上手になってきたので、こんどは気をつけをしてお尻をペコペコと動かす、私はイルカと言っていたのですが、

「イルカをやりなさい」と言ってやらせていました。普通の子だったらそんなことばかりさせられると、いやだって言うのですけれども、その子は十五回しなさいと言うと十五回黙々とやっているのです。そして、

「先生、終わった。次、何するの」というから、

「じゃあ、次は」と、そんなことをしていました。

とてもと思われていたその子供が、他の子と一緒に練習ができるようなところまで来たのです。それだけでもえらいと思いますが、その子はまずバタフライから始めました。バタフライというのは、運動量がかなり多い種目です。そうしたら、あんなに太っていた子が六年生になった時には、本当にスマートになったのです。

それで、結局六年生で、メドレーリレーの選手にも選ばれるほどになりました。メドレーリレーのバタフライの選手としてBSNの大会にも出場したのです。その時の大会では女子のメドレーリレーが日本一になりました。男子は、ちょっと優勝できなかったが、それでも県で三位になりました。また個人でもバタフライ六位に入賞したのです。

また陸上の走り幅跳びもやって、十日町市の親善陸上大会では、その子が選手になって、走り幅跳びで二位になりました。

肥満児で心配しておられたお母さんも、

「いやー、みんな先生のおかげです。選手にしてもらうなどとは、夢にも思ってもなかったんだけれど……」とそれはそれは喜んでおられました。

今彼は、お父さんのお店を手伝っていましたが、支店を出してもらって、そこの店長さんになって頑張っています。

こういう実例を目の前で見せてもらって、

「やはりどの子の中にも無限の可能性というのはあるんだなぁ」と、鹿沼先生から聞いたお話が、私の中で信念となって深まっていくのです。

「父ちゃん、母ちゃんなんて嫌いだ」

新潟は雪国で、冬は水泳が出来ない。温水プールまで行って練習するのも大変だし、また冬はスキー大会があったので、水泳のトレーニングとして走るスキーをやりました。それで、冬はスキーの練習、夏は水泳をやっていますので、年間を通し鍛えられます。

水泳でも、陸上大会でも、冬のスキー大会でも、十日町の大会などでは下条の子が四、五、六年、男女ともみんな上位十番ぐらいを占めるのです。一位から十五位までが入賞で、ほとんどの下条小学校の子が入賞してしまう。各学年だいたい男七人か八人ぐらい選手がいます、そのほとんど全員入賞するという状態でした。

そんな中に、谷村君（仮名）という子がいました。その子はいつも小綺麗にしていて、頭もいい子で態度もまじめでとてもよい子という評判の子でした。

その子が下条小学校のスキーの練習の時はいつもダントツに一番なのですが大会に出ると何

故か三位だとか、四位だとかで帰ってくるのです。

おかしいなぁ、他の子はみんな実力どおり、一位、二位、三位と取ってくるのに、彼は大会になると同じ学年のいつも勝っている下条小学校の子に負けているのです。五年生の時の大会では二回とも負けてくるのです。

六年生になっても最初の大会でまた彼が四位くらいになって帰ってくるのです。おかしい、あんなに強い子が……。

私は大会前になると、特にスキーの大会では必ずプリントを利用し、イメージをプリントに書かせたのです。その内容は次のようなものです。

スキー大会のコースの絵を私がプリントして、このコースのポイントは山坂のあるコースだからこう走って、ここでは一所懸命押す、押しまくる。ここでは推進滑走でどんどん押す。ここはもう下り坂になるから、小さくなって弾丸のように滑るとか、そういう、コースのイメージを書かせて、大会に出場させていました。

さらに、名前を書いて、自分の目当て、頑張ること等を書かせ、さらに、今までお世話になった人に感謝する、お父さん、お母さんに感謝する、友達に感謝するとか、毎日僕のスキー靴を乾かしてくれるお母さんに感謝するとか、そんなことを子供に書かせていました。

市民大会の二日前です。

スキー大会も近づいたのでそのプリントを書かせました。そして、彼のプリントを見ると、彼のカードは、走ったり注意したりの技術的なことや、道具に感謝する、友達に感謝することはビッシリ書いてあるのだけれども、お父さん、お母さんに感謝することは書いていないのです。

そこで畳の部屋に呼んで、「谷村君」と言って、彼に言ったのです。

「君、いつも一所懸命毎日頑張ってるよね。でも、先生なんか不思議なんだよな。君がいつもダントツに強いんだけれど、何故、大会で負けるのか不思議なんだ」

彼は黙っていたので、

「他の人はみんな、お父さん、お母さんに感謝すること書いてあるんだけれど」

と言ったところ、彼がウワーッと泣きだしたのです。そして、

「おらは父ちゃん、母ちゃんなんかだい嫌いだー！」

そう言って大きい声で泣くのです。

「どうしたんだ」と言ったら、

「おらのこと捨てた父ちゃん、母ちゃんなんて、許さん！」

私は、担任でなかったので、知らなかったのです。

「やあ、ごめんなさい、先生知らんかったんだ。かんべんしてくれ。」

私は、彼がいつも小綺麗にしてるし、どこかのお金持ちの、裕福な家庭に育っている子供だと思っていたんだと、そんなことを言いまして、

「やあ、ごめんなさい、先生が悪かった」

「先生、君のこと分からなくて、本当にごめんなさい」

と、そんな話をしていたのですが、彼はワンワン泣いていました。

「でも、君、スキーの練習とか、水泳の練習、楽しいよね」と話したら、

「楽しい」と言います。

「じゃあ、この楽しい練習ができるのは、やっぱりお父さん、お母さんから命を与えていただいたおかげだよね」

と言うんだけれども、

「父ちゃん、母ちゃんなんて嫌いだ」そう言うのです。今でも私はそれを思い出して涙が出るのです、分かるのです。それで、

「うん、わかった」と、

「いや、先生、今日は悪かった、まあ君、帰りなさい」と言って家に帰したのです……。

ところが、次の日の朝、ニコニコして私のところへ来たのです。そうして、

「先生、書き変えてきた。先生見て」と、その紙を出しました。

それをパッと見たら、

「お父さん、お母さんに感謝する。そして、おじいちゃん、おばあちゃんにも感謝する」と、
と書いてありました。

「あー、ありがとう」そう言って彼の手を握ってしっかり握手しました。私も心からうれしかったのですが、彼の顔にも何かしらすっきりしたものが表情から伺えました。

次の日、大会でした。彼はもう、ダントツで、二位を二分ぐらい離して優勝しました。

その夜のことです。

私が一所懸命練習しているというので、水泳部（スキー部）の父兄の人たちがだいたい大会ごとに一杯飲む会を開いてくださっていました。その会にはいつもは谷村君のお家の人は誰も来ていないのですが、その夜はおじいさんが来て、

「先生、ありがとうございました」とお礼を言われる。そして、

「今まで私に、じいちゃんありがとうなんて言ったことなかった子が、私にね、おじいちゃん

ありがとう、って言ってくれた。まあ、私は、泣けてしょうがなかった」と、そんなことを、保護者会の中で話されたのです。

お父さん、お母さんが離婚して、蒸発して、自分を捨てて行った。それでおじいちゃん、おばあちゃんが育てたのです。だがその、お父さん、お母さんを恨んでいるばかりでなくて、おじいちゃん、おばあちゃんも恨んでいたのです。

そんな話をその時おじいちゃんが初めて話してくれたのです。それが反省会の中で話題になってしまったのです。ＰＴＡの会長さんがそれを聞いていてこんなことを言われました。

「先生、すみません。先生は一所懸命だけれど、ガムシャラの先生だと思っていた。ちっとやり過ぎだ、河内はただ勝ちたいばっかりなんだ、勝たせたいばっかりな先生だと思っていた。ところが今日の反省会で、そんな配慮をしてくれてる先生だと初めて知った。先生が子供にきめ細かい指導をしていたとは、私は気付かなかった」

と、そんなこと言って、そのＰＴＡの会長さんが私に謝りにくるのです。私、誤解していたと、こんな場所で会長さんも言わなくてもいいのに、私に謝ってくれるのです。

「いやー、私も会長さんにはいつも感謝していました。ご協力頂いていることを感謝していきます。今後もよろしくお願い致します。」

私はこのときの大会から、〝父母に感謝する〟ことを教えることが、選手指導の中で一番大事な基本だと、それが私の信念になるまで分らせていただいたと思って、子供に感謝しているところです。

それからの指導の中では、いつも父母に感謝する、これが私の指導の中の一番のポイントになりました。父母に感謝しない者は、自分の本当の力を発揮することが出来ない。まして、勝負の世界では勝てない、そういうことをいつも話していました。六日町小学校のプールに行った時、私がそんな話を選手にしていたら、よその監督が聞いていて、「先生、いやー、家のせがれにも、その話、聞かせてやってくれ。まさか、先生がこんな心の選手指導をしているとは、知らなかった」先生に対するイメージが変わったと言ってくれるのでした。

「あんたの好きなようにさせるから」

下条小学校では私の水泳監督としてのデビュー戦で、全国一位の成績をあげることができました。どの子にも素晴らしい力がある。子供に宿る内在の無限力を引き出すのが教育だ。このことがすこしずつ解ってきました。

しかし、今年は勝てたが、これはまぐれだかもわからない、偶然かも知れない。もし、どの子の中にも素晴らしい力があるならば、これからどこの学校で、毎年やっていっても、県で優勝させられるだろう、そうでなかったならば、どの子の中にも本当に無限力があるとは言えない。よーし、俺は試してみよう、とそんなことを考えてしまったのです。それからずっと水泳を続けることになりました。

私が下条小学校三年目の時、西野先生は十日町の指導主事をされていました。

西野先生は、私が野中に三年、田沢に五年、下条にも三年いたんだし、もうそろそろ郷里の長岡に帰った方がいいんじゃないかと言われるのです。

「先生の学校で勤めさせていただきたいと思うのですけれど」と言うと、

「いや、現在指導主事なので、今度どこの学校に行くか分からないし、俺んとこにこんでもいい」

「そうですか。残念です。なんかちょっと俺見捨てられたかなぁ」なんて話をしていました。

そうこうしていたら、長岡の私の家に電話がかかってきました。

「あんたの好きなようにさせるので、是非あなたの指導力を買いたいので、長岡に異動希望を出してくれないか」と、まったく知らない校長先生（実は後でわかったのですが、私の小学生のとき、他の学年の先生でおられた先生だったのです）から電話がかかってきました。私は、西野先生に見捨てられたようでがっくりしていて、どこの学校に行くのかわからず不安でもありましたので、

「ありがとうございます。是非勤めさせてください」と、お願いいたしました。

「いや、ありがとう。あんたが来てくれるなら鬼に金棒だ。本当にありがたい」校長先生から喜んでいただきました。

「ありがとうございます。よろしくお願いいたします。全力を尽くします」とお願いしたのでした。

今まで西野先生の行く学校、西野先生の行く学校と追い掛けて希望を出していたのですが、私の生まれた地、長岡市の富曽亀《ふそき》小学校へ運良く転勤ということになりました。

この富曽亀小学校で五年間水泳指導をすることになりました。私の全精力をかけての水泳指導でした。今度は県大会だけでなく、この年から始まった全国大会・ジュニアオリンピックに出場するということになったのです。私もまだ若かったし、学年主任にならなくてもいい、研究主任とかそういうのにもまだならなくてもいいという、もう水泳のみを無我夢中になってやってもいいという時代でありました。そんなことで水泳に全力を尽くした時代でした。

下条でも、どの子の中にも素晴らしい力があるんだということを教えられ、それを実際体験してきました。下条では私が今後取り組むべき道が見つかったのです。しかし、まだ、県で優勝させたのはたった一度の経験でしかありませんでした。

子供にすばらしい力が本当にあるならこれから毎年勝つはずだ。本当かどうか実践する段階に入ったのです。

幸い、富曽亀小学校の校長先生は素晴らしい方で、

「あんたの好きなようにさせるので、是非、たのむ」と言われたので期待に応え思いっきりやろうと思っていました。

富曽亀小学校は、二つの学校が統合して、新しく出来たばかりの学校だったのです。私も長岡生まれ長岡育ちの人間であるのですが、長岡をずっと離れて、十日町、田沢方面での勤務だったので、富曽亀の学校というのは、名前も分からなかったし、どういう学校か、どこにあるのかもわからなかったのです。

富曽亀小学校は規模は七百人から八百人はいたと思います。人数は多い学校でしたが、水泳の方はまだ、市内の大会ではあまり力を発揮していないという学校でした。

そこで、富曽亀の校長先生は特色ある学校にしたいと私を呼んだものと思います。私も頑張らしていただきますと言った手前、何が何でも実行せざるを得ませんでした。

富曽亀の水泳の実力は長岡の大会で六位に入賞していた子が一人いるという情報は持っていました。川神祐里（仮名）という女の子でした。

そのお父さんが、水泳部の保護者会の部長さんで一所懸命な方でした。

私が下条で、日本一だとか、ＢＳＮで八種目優勝を経験してきた人間だとお父さんは知っておられて、早速、御ひいきのおすし屋さんに私を呼んで一杯飲みながらの歓迎会をしてくださいました。

「いい先生が来てくれた、俺はうれしい。」

「是非頑張ってもらいたい。」

その頃長岡では上組《かみぐみ》の小学校が強くて、スイミングと上位を争っていたのでした。

「なんとかして、たった一つでいいから、富曽亀小学校に一位を取らしてくれ。」何度も何度も酒の席で私に頼むのです。

私は、全国大会を狙っているのに、富曽亀の子供をみんな勝たせるつもりでいたので心の中では少し不満に思いましたが、お父さんのお話を聞き、これからの水泳部の活動に協力を頼むのでした。そして、「よしやれるぞ」と思ったのでした。

川神祐里という子は、一番体格のよい大きな子で、練習も一番一所懸命してくれました。

一年目の夏の大会には彼女は個人種目で全国大会に出場しました。リレーでは全国大会には行けなかったのですが、一年目の冬の大会、春のジュニアオリンピック大会から、毎年リレーでジュニアオリンピックに出場するようになりました。

そして、その年から連続五年間、春、夏の全国大会の出場権を得ることができました。

2分7秒の壁

下条小学校で水温を上げることが重要だということがわかっていました。富曽亀《ふそき》小学校でも水温をいかに上げるかが私の課題でした。

私が簡易的に取り組んだのがプールに農業用ハウスを建てることでした。前で紹介した川神さんのお宅は農業をやっていました。「今は、古いビニールハウスの材料が使わないで残っている」と言うことで、ハウスの材料をまず借りました。足りない材料は自分で購入してきました。ところがプールにハウスを固定するのが大変でした。何度も試行錯誤し、やっとプールにビニールハウスを建てました。一番の課題はハウスの材料のパイプが、ハウスが揺れることによりプールの底を傷つけることでした。ハウスの下にゴム板を敷いたり、ゴムを巻いたりして工夫しました。最終的には角材に穴を開けてそこにハウスの材料を刺し固定させる方法を採りました。

とにかく、管理が大変です。強い風がくるとはずさなくてはなりません。春には、必ず春一番がやってきますからハウスを風から守る管理が大変でした。

しかし、下条の時のようにビニールを取ったり張ったりする手間がかからず、ハウスの中で泳ぐので風による寒さを防ぐことが出来ました。そのおかげで、練習量を増やすことが出来ました。

一年目はプールの半分だけ、二年目は二棟に増やしてプール全面にかけました。このようにして、子供たちは練習量も増えて、スイミングと上組小学校と富曽亀小学校が入賞を独占するようになりました。私と同じように、スイミングには負けたくないと思っていた先生が三名、上組小学校におりました。

二年目から富曽亀対上組の壮烈な戦いが始まりました。上組と富曽亀小学校でほとんど入賞をさらってしまいました。このときの上組の三先生は私の良きライバルでありました。私の教員生活の支えになっていました。三名の方とは体育主任会等で良くお酒を飲ませて頂きました。水泳では最高のライバルでしたが水泳を離れた世界では最高のお友達でもありました。今でも深いつきあいをさせて戴き助けて頂いております。

こうして、常に良きライバルに恵まれて、子供たちをどんどん強くすることが出来ました。

一年目の夏のジュニアオリンピックにはリレーは出場できませんでしたが、春のジュニアオリンピックからようやく出場できるようになりました。水泳協会の方からも協力していただきました。その頃、新潟では全国大会の出場制限である標準タイムを突破できるチームはほとんどなかったので、最初のころは富曽亀小学校に協会の方が来てくれて、そこで突破すれば出場ということもありました。

学校のプールの飛び込み台はたいてい低いものですから、そこで飛び込み台に台を取り付け高くしてやればタイムが出やすいことを協会の方から指導していただいて、水泳部の父兄の野本さんに台を取り付けてもらい、このような協力でやっと標準タイムを出した思い出もあります。そして、標準タイムが出るとみんなで拍手し喜び合ったものでした。

その年の全国大会は代々木のオリンピックプールで競技が行われました。素晴らしいプールで泳げることがうれしくて、全国大会に出場できるだけで満足でした。私もオリンピックプールのサブプールでの、全国のトップのスイミングコーチとの練習はとても刺激になりました。全国のトップコーチと一緒にいることが私の喜びでもありました。

また、私は、セスコーダーという十人も同時にタイムを正確に測れる時計を持っていました。この時計が私の武器でした。普通のストップウォッチで計るよりも正確に個人個人のタイムが出てくるのです。一人で三台持っていて三十人のタイムをはかるということも経験しました。

こうして、子供たちに目標を持たせ常にタイムを意識させ練習させせました。

最初の年は、もう全国大会に出るだけで、子供たちも父兄もすごく喜んでいたのですが、春、夏と連続して出場できるようになると、だんだん父兄の要求も高くなってくるのです。三年目ぐらいになると、「決勝に残るだけでは意味ないね、入賞しなきゃ意味ない」と、力をつけるに従って、もっといい成績をという気持ちになるのは当然でしょうが、「入賞しなきゃ意味ない」というような声も私に聞こえてくるのです。

その年のジュニアオリンピックには、男女とも連れて行ったのです。前半、個人種目が三日間にわたって行われます。ところがこの時、何故かみんなベストタイムが出ないのです。いつものスケジュール通りに練習でき、大会はスムーズに進んでいるのですが、どの子も自分のタイムを出せないで予選落ちでコンソレーション（敗者復活戦）にも残れないのです。やっと決勝に残ったと思うと、私の耳に父兄の人たちの「決勝に残ったぐらいじゃだめだよな、入賞しなきゃ」という声が聞こえてくるのです。私は虚しい思いと、なんとか選手に力を発揮させせなくてはと焦るのみで、寂しい思いをしていました。

そうして私は何か勝負にとらわれてしまったのです。子供に記録を出してもらいたい、やっぱり勝ってもらいたい、ベストタイムを出してほしいという、そういう欲求のみが強くなってしまうのです。私の精神波動が子供に映らないわけはありません。子供は泳いでも泳いでもベストが出ないのです。すると、苦痛と重苦しい雰囲気が充満してくるのです。

そんなふうにして一日目が過ぎ、二日目も、みんなベストタイムが出なかったのです。

三日目には最後の種目、二百メートルリレーがあります。ところがこのリレーの選手が生理になってしまったのです。

それで父兄の人の、

「入賞しなきゃ意味ないよな」というような話もあったし、まあそんな無理して出ることもないな、来年にかけよう、そんなことを考えるようになっていたのです。

そのころ2分7秒が全国大会のリレーに出場できる標準タイムでした。そのタイムを突破できたリレーチームが、四十五チームありました。われわれは2分7秒の壁をやっと破って出てきたのだから、出てもまあ、きっとビリだろう。どうせ出てもしょうがないレースだ。じゃあ、二百メートルリレーをあきらめて帰ろうと思い、長岡に電話をしようとしたが小銭がなかったので、近くにあったパチンコ屋へ両替に入ったのです。

私が両替をしてパチンコ屋から出て来たとき、ちょうどそこに、東京―新潟の定期便のトラックが止まり、その生理になった女の子のお父さんが車から降りてきたのです。まったく偶然でした。そのお父さんは、日産自動車の販売課長さんをやっておられた方でした。日産の車を運ぶトラックだったのでしょうか、私が千円札を両替するためにパチンコ屋から出てきた時に、私とバッタリ合ったのです。

「先生何しているの」

「車に乗せてもらってやっと応援に駆けつけたんだ」

私は、長岡に電話をかけようとする経緯を説明すると、

「先生、まあ泳がしてくれ。家の家内ももうすぐ新幹線で来るし、そんなことなど心配しないでいいから、泳がしてくれ、せっかく来たんだから」という話になりました。

するとその時、いつの間にかそばに来ていた子供が、

「先生、……」

子供の中から真理の言葉が出てくるんですね。

「先生、本当の自分、忘れていた」

「本当の自分を出せば大丈夫だよ」

神様の声でした。

あっ、私も完全に忘れていた。

「ああ、そうだ、本当の自分、忘れていた！　よし、じゃあ宿へ帰ろう、ミーティングだ」

みんなすぐ宿へ帰ってミーティングを始めたのです。

「本当の自分のこと、先生も忘れていた。じゃあ、どうすることによって本当の自分が出るんだったかなぁ」

「いつもどういうことをプールサイドで話してたのかなぁ」

ミーティングを開始すると、子供たちが、

「本当の自分を出すには、お父さん、お母さんに感謝することだ」

「精一杯全力を尽くすことだ」

「友達と仲良くすることだ」ポンポンと子供たちが言ってくれるのです。

「ああ、そうだね、そして本当の自分を出した時は、素晴らしい力が出るよね」

「じゃあ、本当の自分を出すっていう、そういう決意を紙に書こう」と言って、子供たちにそれを紙に書かせて、そして、私はそれは見ないことにして、

「これは君達の心の中へ、これね、とっておこうね」と言って、それを燃やしたのです。

ミーティングが終わった後、私もなにか心の中がスカッとしまして、何か負けるというような気がしないのです。そんな気持ちで子供たちと話していると、

「一番の泳者、あなたが30秒5、二番のあなたが31秒5を出して、三番のあなたが31秒5を出す。そして、アンカーのあなたが31秒だすと、2分4秒台が可能だね。これ、ひょっとすると決勝に残れるかもしれないよ、簡単だよね。簡単、簡単」そんな話になったのです。

するると、もう子供たちも、先生、大丈夫だっていうようなことで、

「先生、大丈夫、本当の自分をね、出せば絶対勝てる」と子供が言うんですね。

「うん。そうだ、そうだよね」と言って、その日はミーティング後、気持ちが楽になりぐっすり眠ることが出来たのです。


現実には2分7秒なんだから、決勝なんか残れるタイムじゃないのです。みんなそれぞれの地域の予選会標準タイムを楽々突破して大会に出てきているチームです。私たちのチームはやっとぎりぎりのタイムで出場したチームなのです。私たちは今まで何度も何度も練習をし、この2分7秒を出すのが精一杯だったのです。でも、標準タイムだけは出さなければならない。全国大会へ出場できないということで、やっと出したタイムでした。〝7秒の壁〟を破るのは

とてもきつかったのです。

その〝7秒の壁〟、この7秒の厚い壁が、本当の自分を自覚したとき〝壁〟が無くなっていました。何かわからないけれど、大丈夫と不思議と思ってしまうのです。出るか出ないかという恐怖心など何もないのです。その夜は不思議と、今までのいやな現実をスカッと忘れてしまうことが出来ました。

いよいよ次の日、朝起きて、私も何か気分もよかったし、まだ予選まで時間があったので、プールの近くに喫茶店があり、チョコパフェが並んでいる、

「よーし、じゃあ前祝いだ、先生おごってやるか」と言って、子供たちみんなに食べさせたのでした。子供たちはチョコパフェが大好きで、食べたらもうルンルン気分になっていました。もう、勝つとか負けるとか、タイムにこだわるとか、そんなことがどこかに飛んでいってしまったのです。

父兄の人も、みんな応援来てくれていたのですが、昨日までは、なんだか暗い雰囲気というか、ベストが出ればみんな喜べるんだけれども、みんなベストもでないし、やっぱりもうだめだよなという、そういう暗いムードが漂っていたのです。しかし、今朝は昨日までのいやなイメージがぜんぜんないのです。みんなさっぱりしているのです。

やはり、私の心の影なんですね。三界は唯心の所現です。

この雰囲気はまさしく体験した人でないとわからない、まったく別の雰囲気になっているのでした。私自身も自分の変化に驚いているのです。昨日の思いがまったく消えているのです。寂しい思いをし長岡に帰ろうと決意していた自分がもうないのです。何か不思議な世界でした。

いよいよ二百メートルリレーの予選です。子供たちはニコニコしていました。

スタートです。やりました。あんなに破れない7秒が簡単に、そして昨夜みんなで相談して話し合ったタイムが出たのです。そうです、2分4秒台が出ました。

7秒だったのが4秒になったのだから、四人で3秒縮めたわけです。一人一人がベストタイムを出して泳いでくれたのです。

今まで何度練習しても、その7秒を出すのが精一杯で限界かなどと考えていたのです。どんなに練習しても、標準タイムだけは出したけれども、7秒の壁は切れなかったのです。それを試合でいとも簡単に3秒も縮めたのです。予選を六位で通過していました。

そして、今度はいよいよ決勝です。しかし決勝は、2分2秒ぐらいのチームから、2分4秒までの中に、九チームが犇《ひし》めいています。うちの子供たちが2分4秒台を出したといっても、これはまぐれかもわからない、そんな気持ちがいつもは脳裏をかすめるのですが、この日は

「大丈夫」と不思議にそう思うのです。

「先生、本当の自分ってすごいよね」

「ああ、そうだなぁ、本当の自分たちって素晴らしいな」

子供たちからまた教えられました。私も心から喜んで、もう勝っても負けてもどうでもいいというような気分になっているのです。

いよいよ決勝になりました。一斉にきれいにスタートしました。引き継ぎもうまくいきバッチリです。どこのチームもまったく並んで泳いでいます。あと五十メートル、最後の泳者に引き継がれました。まったく一線です。ラスト二十メートル二チームがわずかリードしました。他はまったく一線です。ゴール、ものすごい戦いでした。どこのチームが勝ったのかまったくわかりません。最後は、一位、二位のチームがわずかに早くタッチしたように見えて、後はもう、ババーッとついて、どこが勝ったかわからない。

電光掲示板をパッと見たら、六位・長岡水協（富曽亀小学校の学校名ではなく、長岡水協という名前で出ていました）、2分2秒67・大会新と輝いていました。

まったく六位までが大会新記録という大激戦でした。富曽亀小学校が六位で大会新記録を出したのです。

子供にこんな無限の力があるなんて、私はただ呆然とするのでした。真なる自分を自覚したとき本当の自分が出て素晴らしい力が発揮されたのです。

まさしく私の水泳監督初めての〝奇蹟のタイム〟でした。いかに、子供に内在する無限力の素晴らしさを指導者が信じ、かつ信念を持っているかが重要であることを全身にたたき込まれました。

午前の予選で3秒も縮めて驚いていたのが、午後の決勝ではさらに2秒、その日の内に5秒もタイムを縮めていたのです。さらにそれは全国大会での大会新記録だったのです。


後日、保護者とご苦労さん会で飲んだ時に、あのトラックから降りてきたお父さん、日産の販売課長さんが、

「先生、あの夜、ミーティングのときね、私ら隣の部屋で一杯飲んでたんだけれど、子供たちとなんか楽しそうに話してたんだけれど、何をミーティングで話したんだ」と言って聞くのです。それは子供と私の秘密です、と言って笑い飛ばしておりました。

「おら、不思議でしょうがねぇんだ。まさかね、そらまあ、決勝に残ってもらいたいと思って

たけれど、まさかね、2分2秒が出るなんてことはねえ、考えられなかったし。あのミーティングの時、先生は何話してたんだ」またしつこく聞かれるんです。

「いや、それは秘密です」「本当の自分を自覚することです」と冗談混じりに話しておきその場を楽しんだものです。

本当に子供たちと不思議な世界を体験したのです。それは、自分の中に素晴らしい自分があるんだと、真の自分を自覚した時に、その自分の内に宿る無限力が出てくる、自性円満完全を自覚した時、内在の力が出てくるということでした。神様に頼ったりしてということではなく、谷口雅春先生の哲学の真理は、「自分の中に素晴らしい自分があると信じた時に、内在の力が出てくる」ということなのです。それを実感として感じさせていただいたのでした。

このことを地元の新聞などが大きく扱ってくれましたが、新聞には上手に、面白く書いてくれるんだなと思いました。《大会新にザ折感飛ぶ》と見出しをつけて、私自身が、こんなことを話したのではないのですが、私の話を聞いて新聞記者が上手にまとめたのです。私が、ベストタイムが出なかったので帰ろうとした話もしたので、新聞記者がそれを聞いてこんな見出しにしたのだと思いました。それにしても、「大会新にザ折感飛ぶ」なんて上手なタイトルをつけるもんだなあと思ったものでした。次の写真が当時の新聞の写真です。

第三種郵便物認可

やった！ 大会新

ジュニア五輪 長岡水協女子チーム

6位入賞「やればできる」

200㍍リレーに2分2秒67

強豪にまじって六位だが大会新を出したメンバー（右から南雲、金内、永井、淡路の各選手）

「ジカーン、2分2秒67、タイカイシーン」。独特な調子のアナウンスが、東京スイミング・センターに響きわたる。

さきほど東京・豊島区にあるスイミングセンターで開かれた「第二回全国ジュニア・オリンピック春季水泳競技大会」（日本水泳連盟主催）で、長岡市富曽亀小学校の児童を中心とする長岡水泳協会のメンバーが、十一－十二歳の部、女子二百㍍リレーで、見事決勝へ進出、入賞を果たした。六位だが、中身は大したもので激戦の末、コンマ差

「全国的にレベ
るなかで六位
を出したことは
ワークの勝利で
本県水泳陣に光
れた」と、称賛
る。

この大会は、毎年、春、夏の二回開かれる。今回は、全国から二百八十チーム、二千百人を超える

[illegible]、第四 永井由佳子のメンバーが決勝に臨み、激戦の末、なだれ込むようにゴールへ。一位が

ブ、四郎丸、宮内、富曽亀小で構成する長岡水泳協会のメンバーが出場した。四郎丸小の酒井伸隆君が十一－十二歳の部、五十㍍自由形で九位、上組小の田辺華子さんが同五十㍍平泳ぎで、十三位に食い込み、立ち遅れ気味の本県水泳陣に、徐々だが前進していることを実証してくれた。特筆されるのが、女子二百㍍リレー。第一泳者金内玲子、第二淡路美樹、第三南

千明富曽亀小教諭も「今冬の豪雪で、練習も満足にできなかった。他のチームはスイミングクラブなどに所属して泳ぎ込んでいた。ノルディックスキーなどで、足腰を鍛えたのが、結果的に良かった」と、苦労を話し、「秋田に同年齢の長崎宏子（先日の日本室内水泳大会・百㍍平泳ぎで日本記録保持者とわたり合い、二位に入る）が、雪国にかかわらず優勝している。格好の目標ができたし、やればできることを知った。どの子にもその子なりのすばらしさがある。その力を伸ばし、自信を持たせたい」と抱負を話している。

SPORTS にいがた

全国ジュニアオリンピック水泳大会をふり返って

大会新にザ折感飛ぶ　環境整えば必ず素質開花

女子二百㍍リレー予選。私は八〃カメラで選手と電光掲示板を追う。時間1分4秒。〃オーッ〃、大会新だ。思わず目頭が熱くなってくる。あとは他のチームがどのような記録を出すかしきりと気になる。

6位で決勝進出だ。愛車ワゴンのなかで選手を休ませ決勝を待つ。なぜか心平静、選手と私の心はひとつになり、静かな興奮のなかに闘志が自然とわいてくる。

いよいよ決勝。きれいなスタート、すごいペースだ。四人とも30秒台。信じられないタイムでゴールイン。「ヤッタ！」。それも奇跡的タイムの大会新で、念願の6位入賞をやりとげたのだ。

やはり報われる。努力が報われないはずがない。「ごくろうさん。ありがとう。よくやった。よくついてきてくれた。本当にありがとう」。互いに目と目でサインをかわす。

きのうまで「雪国ではだめなのか？冬のスキー練習は効果がないのだろうか？スイミングクラブでなくては…？」。そんなザ折感に打ちひしがれ、自分自身の無力さに押しつぶされそうになりながら、「なにかある」と信じてやってきた。それが、リレーの大会新6位であった。

1分2秒67。わがチームには考えられないタイム。だが、このタイムの生まれる要因はあった。年中一日も休まず練習に明け暮れた選手。そうして、県、市水協による練習体制づくり、父兄の強力なバックアップに青少年文化センタープールの好意的開放、学校側の理解と学年の先生方の協力…等々。

十二月から選手は二カ月半スキーの訓練をやる。一日最低12㌔は走り込む。冬休みは父兄により、八方台で毎日特訓。足腰、心肺機能を鍛える。スキーの自然との闘いの苦しさを経験すれば、水泳は楽なものと選手たちは言う。スキーにより厳しさを学び、一日休むことによって、どれほど調子を落とすかも体にしみ込んだはずだ。

だが、二カ月半、泳がないハンディも大きい。それゆえ二、三月の室内大会ではいつも苦杯をなめさせられてきた。

スキーを終え、一カ月半は五十、百のディセンディング3本、3セット。五十の最後のタイムは31、32秒を要求し、それを守らせた。タイム制限してハイポキシで百3本、P.K.C、ドリル練習を中心に、短い練習時間のなかで、これらを必ずこなさせた。

市水協の大桃、吉岡両コーチを中心に小学生の合同練習が文化センターで行われているが、この成果は実に大きい。この練習に通うような選手のなかに素質のある選手がいっぱいいる。練習の機会と泳ぐ環境をつくってやり、長岡市で結束するなら、全国一をおさめるのも二、三年のうちには実現しよう。いま、全国レベルから数段遅れているのは背泳、バタフライ、個人メドレー。だが、上越、新潟水協に背泳、バタフライの強い選手が育っており、ことしも県ジュニアのレベルが、また一段と向上することになろう。

最後にインタミドルが五十七年に本県で開かれるが、ぜひ、何種目か、優勝をはじめ上位入賞の朗報が聞けるよう、関係者の一層の努力を結集したいものである。

河田　千明

（長岡市富曽亀小教諭、同水泳部顧問）

「もっと素晴らしい本当の自分があるんだ」

富曽亀小学校では、毎年全国大会に挑戦するという私の水泳人生の最高の時代でありました。また、全国大会に出場できる選手が集まってきてくれました。

簡単に全国大会に出場すると言いますが、この背景には多くの方の協力と、私が今まで子供から学んできた哲学・信念があったからだと思います。

私は谷口雅春先生の書かれた『生命の實相』教育篇を本気になって読みました。私の人生の中で、私の教育の根幹となった『生命の實相』を一番読んだのが、教員として最も忙しかった富曽亀小学校の時代でした。

『生命の實相』を毎日、ことに教育篇は毎日、もう何回も繰り返し繰り返し読んでいました。プールにライトをつけ、時には七時過ぎまで練習したこともありました。あれだけ遅くまで

練習したうえに、子供のテストの採点や事務、授業の準備をしたりして大変だったけれども、必ず『生命の實相』を読んだものでした。そして何回目、何回目と、読んだ回数を本の裏表紙に書いておきました。

私は、ただ練習、訓練だけを子供たちにさせていませんでした。何故水泳をするのか、水泳をする意義は何か、水泳に真剣に取り組む意義は何か、自分に宿る無限の可能性とは何か、いかに精一杯生きることが大切か。私は、水泳以上に子供たちに語り続けました。水泳部は勉強もするし、清掃も、挨拶もしっかりする。子供の模範生的な水泳部の生徒であることを強調しました。

毎日練習が終わったあと、子供たちをプールサイドに正座させて話をするのですが、その話の中に『生命の實相』で読んだことが、ひとりでに話になって出るわけです。夏の全国大会、県大会の近くになると一日三十分以上も話していました。

練習が終わる頃になると、水泳部の子供のお母さんたちが、練習を見ていたところから子供たちの正座している後ろの方へ坐って、私の話を聞いてる、また、ミーティングの時間になるとそっと聞きにくるというようなお母さんもおられました。

その頃は、私の主な校務分掌は体育主任一つでした。私を水泳に専念させて下さったものと思って感謝しています。他に校務分掌もなかったことで、時間的余裕もあり、子供と接し部活動の本格的指導を徹底できた時代でもありました。そしてただ練習していただけではなくて、練習が終わってからの生活指導、道徳指導を徹底的にしたのです。人間としていかに生きるのか、本質的な話がついつい出ていました。大会近くの一ヵ月間は大好きなお酒もきっぱりやめて選手指導に集中しました。

私の話の中から、子供たちがいろんな答えを出してくれました。

その一つは、阿波美希さん（仮名）です。平泳ぎで強い選手でした。あの頃は長崎宏子という平泳ぎの有名な選手がいまして、五年生では長崎宏子の次が阿波美希さんでした。

その子が、朝起きると金縛りにあうと言うのです。お母さんが起こしにくるんだけれども、「お母さーん、お母さーん」と呼ぶんだけれど、声が出ないという。起きたくて、起きたくて、どうしようもないんだけれども、金縛りにあってどうしようもない、そういう経験を彼女は持っていたと言うのです。

それが毎日プールサイドで私の話を聞いていたら、金縛りにあったその時、私の話を思い出し、自分の中には、目で見えている自分よりも、もっと強くて素晴らしい本当の自分があるんだという私の話をフッと思い出した時、金縛りになっていた状態がスッと消えて治ったと言うのです。そして、そのことを私に話して聞かせてくれました。

それからというものは、金縛りになった時、フッと私の話が自然に思い出され、自分の中には素晴らしい力があるんだと思うことができ、金縛りを恐れなくていいんだと思うようになり、スッとその金縛りが解けたというのです。そんなことをしているうちに、金縛りになることがなくなったというのです。子供が私に話してくれることにより、私自身が子供からまた学ぶのでした。

また高野君というすごい子がいました。遊んでる時、向こう脛《ずね》を怪我しました。擦《す》り傷を負ったのです。毎日水泳の練習をしているもので、その子は、足の怪我が膿《う》んでいる状態なのです。私は、

「しばらく休みなさい。君のファイトはわかるから、そんなに無理しなくていい」と言うのですが、責任感が強い部長の彼は、

「大丈夫です」

「自分には素晴らしい力が宿っています」ときっぱり言うのです。

「いや、それと怪我は違うから無理するな。怪我をまず治せ」

「大丈夫です」そして、彼は練習を休まないのです。私が、

「そんな無理しなくていい」と言うけれども、

「いや、僕は泳ぎたいんです」と言うのです。お父さんも、

「いや先生、足一本ぐらい、どうってことねぇや、泳がしてくれ」なんて言う豪快な方で、彼はその膿んでた足で、「先生、僕、素晴らしい自分があるから大丈夫だ」とか言って、テーピングをしてとうとう一ヵ月ぐらいかかって、泳ぎきって、治してしまいました。


彼は、後輩の面倒見が良くて、下級生、同級生、みんなに慕われていました。彼は私の言うことをキチンと聞き実行し、また、選手がなまけていると、彼が注意する。すると、全員がビシッとするという、そんな人望を持っている人間でした。

彼が富曽亀小学校の水泳部に、〝一所懸命する真剣なグループ〟と言う気風を作ってくれた第一人者でした。常に自分の後に付いてこいと言うタイプで、さっぱりした男の子でした。子供たちは彼のあとにくっついて泳いでいたという感じでした。彼が私からの練習スケジュール

を受け取ると彼がどんどん泳ぐ、私はただ選手を見ていて、良くなったところを誉めてやればいいと言う楽な練習でした。富曽亀時代は選手をまったく怒ることなどなく子供たちを見守っていればいいという感じでした。

その子のお父さんは、後援会の役員をされたり町内会長なんかもやっていられる方で、豪傑、豪快そのものの人でした。「先生、富曽亀をとにかく向こう岸につけてくれ」なんて頼まれました。そんな熱心な父兄の方々に支えられて水泳指導が出来たのです。

また、こんな子もいました。ジュニアオリンピックの予選会がありまして、その予選会で決められた標準タイムを出さないと全国大会に出られないのです。その子は大変まじめな子だったのですが、予選会の前の日、私の所へ来て、

「耳が痛いから、今日午後からの練習を休み医者へ行かせてください」と言って来ました。

その子にしてみると、練習の時にいつも耳が痛かったんだと思うのです。それで自分としては、お医者さんに行って、診てもらって、それで大会に出て頑張りたいと思ったと思うのです。家の人も午後から医者へ行けと言ったんだろうと思うのです。

ところが私はその頃まだ若い頃でありました。翌日の予選会のことで頭の中はいっぱいだっ

たのでしょう、

「何言ってるんだ！　明日は予選会の日なのにそんなことでどうするか！」と、その子供をどやしつけてしまったのです。しかし、私も我に返り、

「ごめん、医者行って来なさい。」と言って帰したのですが、その子供は、医者に行かず午後からの練習に来たのです。

「あれ、おまえ医者行けと言ったのに。医者に行きなさい。おまえがいないと、標準タイムが突破できないから、つい言ってしまったんだ。心配だからおまえ医者に行ってこい」と言うと、

「先生いいです。泳がして下さい」といって聞かないのです。

「君が耳が痛いというのは口先だけでなく本当に痛いんだろうから医者に行きなさい。痛いんだろう、君を信じてるから、医者へ行ってこい」というんだけれども、子供は泣きながら、

「泳がして下さい。泳がして下さい」と言うんです。

その日の午後からの練習は、私はもう心配で、練習していても彼の耳のことばかりが気になって、プールサイドを歩きながら、

「おい、おまえ大丈夫なのか」と言うと、

「大丈夫です先生」と言って、半泣きの状態で泳いでいるように見えました。

そして、水泳の練習が終わり、

「おい、本当におまえ大丈夫なのか」と言ったら、

「先生、耳治りました。ぜんぜん痛くない」

「うそ言ってるんじゃないか」

「いや先生、もう耳、あんな痛かったのが、治りました」

と言うのです。本当かなぁと思ったけれども、彼は治ったと言っているのです。

そして次の日は、予選会で標準タイムを突破し全国大会の出場権を得たのです。

それからも病院へ行くことなく毎日練習して、別に何ともなくなったのです。軽い、耳の痛い症状だったのかもしれないのですが、きっとその子にとっては、大きな痛みがあったんじゃないかなぁと思うのですけれども、自分の内に宿る生命力、生命の治癒能力を信じる、本当の自分を信じるということを子供たちが毎日のミーティングの中で学んでいってくれたのかなぁと思うのです。


水泳指導も順調にいっていましたが、それでもいろんなことがありました。しかし、水泳指導を休むことはありませんでした。若かったから無茶なことも出来たのでしょうが、そんなこ

とがあっても、教師と子供と親と、みんな一体となって取り組む環境を、何か神様が守って下さったんだなぁと最近になって思うのです。家の人が反対すれば、とても練習なんか続けられないわけですし、みんな家の人が協力してくれ、理解してくれてすごい練習が出来たのです。

父兄の人がプールにハウスを作ってくれて、そこにライトもつけてくれる。夏など大会近くになって盛り上がってくると、家の人が会社あがりにみんな来てくれる。ライトをつけてやると、ライトで水がキラキラキラキラ光ったりして、それでまた選手が燃えてくるのです。練習の最後になると、ダッシュの練習をするのですが、もう一日、かなり泳ぎきって、グタグタになっているのに、最後のそのダッシュで最高タイムがでて、父兄の人がみんなで大きな拍手をする。子供も「ガッツポーズ」をすると、

「おお、お父ちゃんたちと同じだな、明かりがつくと、燃えてくるもんだ」なんて言って、夜も、電気をつけて夏の全国大会目指し、家族、選手みんな一体になって練習に打ち込んでいました。

厳しさと楽しさと

富曽亀小学校でも冬はスキーをやりました。その頃は、ものすごい雪が降りました。〝五六豪雪〟の時は、電線がもぐるぐらいまで雪が降った時もありましたが、それでも早い時期はまだ雪が少なくて、スキーの練習には山の上に行かないと雪がないのです。

山に練習に行くために、父兄がいつも協力し車を出してくれました。ジュニアオリンピックに行った川神のお父さんや、平泳ぎ選手の阿波さんのお父さんが協力してくださいました。

阿波さんはトヨタの会社に勤めておられました。まだ昭和五十五年頃はワゴン車に乗っている人は少ない時代でした。二十三人乗りのマイクロバスがまだ普通免許で乗れた時代でした。私も子供を練習に連れて行くためにワゴンが必要だったので、トヨタの販売課長をされていた阿波さんに、ワゴン車を買いたいと言ったら、びっくりされて、

「えっ、何言ってんの、そんな車買わなくていい」

「いや、私が、欲しいんだ」ということで買うことになったのです。できるだけサービスをして下さり、購入したのでした。

教員でワゴン車を乗っている人間はほとんどいませんでした。

そんなわけで私のワゴンと、阿波さんのワゴン。そして、あと保護者数人の人に自動車を出してもらって、選手を長岡の東山の八方台まで連れていくのです。

八方台まで行くと、雪があるのです。雪の積もった山のアスファルトの道路にスキー練習コースをつけます。そのコース付けが本当に大変な仕事でした。下条にいた時もそうでしたが、雪が一晩に七十センチぐらい降る。新しい雪が七十センチで、その下にまた一メートル五十ぐらい雪があるわけです。スキーを履《は》いて歩いても、膝上十五センチくらいまでもぐってしまうのです。

そういう雪の状態の中、スキーで走る練習コースをつけるわけです。子供を先頭に立たせるわけにはいきません。どうしても私が先頭にならなければいけないのです。

私がスキーで雪を踏んだ上を次の子が私と同じ所を踏みます。次の子はその踏んだ場所をもう一度踏み固めます。そして次の子は片側だけを踏んだところに片足を載せ、他の片足で新し

い雪の上を踏むのです。次の子はその反対のことをして踏み固めます。そのあとの子供から二人グループでスキーをコースに斜めにして、コースを広く踏み固めます。次の二人がまた反対を向いて斜めにコースを踏み固めます。そして、そのあとの二人が走るところをしっかり踏み固めます。さらにそのあとの二人組がストックをつくところを踏み固めます。さらにそのあとの二人がもう片方のストックをつくところを踏み固めます。そして、最後のグループが全員で走るコースの踏み固めをします。

こうやって最低一キロのコースをつけます。条件の良いときは三キロのコースをつけるわけです。練習の半分はこのコース付けに時間が取られます。コースをつけ終わると全身汗でビショビショになるので着替えをし、それからいよいよスキーで走る練習が始まるわけです。

私は、この作業がスキー練習以上に勉強になったと思っています。こんな苦しい指導はありません。私はこのスキーの道付けにより不屈の精神、何でも最後までやりとげる精神が身に付いたと思います。ただ、黙々と雪の中をこざきながら歩く、このことは、私にはすごい人生修行になりました。

誰も助けてくれない、自分が切り開かなくてはならないのです。吹雪の日もあります。豪雪の日もあります。一日も休まず毎日この繰りかえしなのです。スキーのこのコース付けの苦労を知らない人に絶対負けてなるものかという不撓不屈《ふとうふくつ》の精神が選手を強くしたものと思っています。スキーは専門でなかったのですが、若い私は自分の出来る限りの全力を子供に注ぎました。富曽亀が上位を独占したのも、そこには人には知られないものすごい苦労と汗を人一倍流した努力があったからです。

コース作りの最後の仕事は、コースの上に線路のようにしっかり走るコースの溝を作るのです。それが終わってから、今度はみんながコースを走る。きれいに踏み固めたコースを走る気分は爽快です。うまく踏み固めないとうまく走れない。まさしくコース作りにかかっているのです。

そして、タイムを計る。三キロを三本計ります。最後は全員で一体となって全員走をします。グルグルみんなでコースを回るのです。このような練習を毎日やっていました。

一日十キロから二十キロ、多いときは三十キロも走ります。これだけ小学生で練習をしていたから、成績はダントツでした。四、五、六年男女とも上位は富曽亀小学校がほとんど独占でした。早くから雪を求めて練習していましたので、他の学校をよせつけないほど強かったのです。

山の天気は変わりやすいものです。雪を求めて八方台へ行くと、平地ではそれほどたいしたことのないような天気でも、山の尾根は違います。ちょっと吹雪《ふぶ》いただけでもう十メートル先が見えなくなるのです。五メートル先が見えないこともあります。

そんな天気の悪い日でした。四年生の新城さん（仮名）という子がいました。吹雪くので「君まだ四年生だから、お父さんたちが自動車の中でヒーターをたいているから、そこへ入って休んでいなさい」と言うのだけれど、その子は、

「やります」と言いながらも、あまりにも冷たさに泣きながら、走るのです。それで、

「いや、こんなときに練習してもだめだから、あんたはもういいから、もう休めよ」

「いや走ります」ものすごい雪の中、もう吹雪で前が見えない。監督の私が選手を把握することもできないような天気の中でも練習をしたことがありました。

走っている途中で天候が変わることもあるのです。私も必死でした。もし遭難《そうなん》させたら大変です。しかし、あれほど何度も山にいったのですが、一度も子供たちを遭難させたりせず、事故や怪我も無く、無事に練習できました。

やっぱり自分の力で練習できたのでなく、保護者はもちろん、子供たちや、大自然、神様に

守られて練習していたのだという感じがするのです。

今考えてみれば、無謀にも近いような練習をしていたのかなぁとも思いますが、練習が終わると、父兄が自動車のエンジンをかけて待っていますので、マイクロバスの中へ入って、あったかい甘酒をいただいたりとか、コロッケなどお家の人が持ってきたのをみんなで食べたりして、〝練習のあとの天国〟を子供たちと共に私も味わいました。きつい練習のあとの〝楽しいひと時〟が最高です。

そんな苦しいことばかりではなくて、長岡カントリーのゴルフ場で大会、練習があった時など、天気のいい時には、練習が終わると、

「じゃあ、これからみんなでレクリエーションに行こう」と、私が先頭でゴルフ場の薮《やぶ》や誰も踏んでない新雪の中へ入ったり、急な坂を滑ったり、転んだりする。楽しいことをたくさんしました。またゆったりと歩き滑る自然の散策はスキーの醍醐味《だいごみ》なのです。練習が終わったら、さっとやめて帰ってもよかったのですが、子供たちと一緒に山を歩いて、自然を楽しんだり、坂を滑って転んだりしていました。

八方台へいった時も、山の道がクネクネ曲がっていてそういう所をスキーで滑ったりとか、なかには田んぼの水たまりの中へおっこちたり、子供は、そういうことが一番楽しかったと言

います。

練習が終わって私と一緒にいろんなところへ行って滑ったりしたのが忘れられないと、部活の仲間の会をすると、今でもそんなことを言っています。

まあよく毎土曜、日曜日に山へ行ったものだと思っています。父兄の方がよく協力してくださり、仕事があっても都合をつけて、私がこういう活動をしたいと言うと、みんなが体制を整えてくれるのです。父兄の協力には本当に頭が下がりました。

大会の前やシーズンの区切りなどに、私がプリントしたお手紙を渡していたのですが、この文を読むと、「泣かずにはいられんかった」と、「家でも晩酌しながら、河内の文を読んで泣いてしまった、この時のプリントが私たちの宝物だ」なんて言ってくれました。

「いや、先生、おらもう子供たちと一緒に、いろいろ活動して楽しかった。水泳部にいると、家族旅行なんてことはなかったけれども、みんなであっちへ練習行ったり、こっちへ練習行ったり、たまに合宿だとかするので家族旅行みたいなもんで、うちの家族は、水泳部の子が中心に家族が動いてる」

そんなことを言ってくれました。

次に当時子供と父兄の方々にあてて書いていたプリントの中から一つご紹介します。（これは、

その年の水泳部の保護者の方が私の書いたプリントを全部綴じて保存していたものです）

栄光の富曽亀水泳部は皆さんの手で

富曽亀水泳部選手諸君、おめでとう。栄光の富曽亀水泳部は君達の手で作られました。第20回学童水泳大会で24種目中19種目優勝。その内13種目に大会新を記録し、リレー、メドレーリレーとも、男子は1位（Aチーム）・3位（B）、女子は1位（A）、2位（B）を獲得、長岡市の学童水泳記録は、富曽亀が24種目中20種目を獲得しました。又5年生は20種目中16種目一位獲得、4年生も大活躍でありました。

まさしく、富曽亀の黄金時代到来となりました。この記録は又今の5年生が打ち破ることになるでしょう。

この栄光の記録は一位を獲得した人のみによりなされたのではなく、富曽亀水泳部全員一丸となって水泳に打ち込んだ成果であります。

水泳部に入部して以来、家族旅行をしたことのない、水泳一本に打ち込めた人達ばかりの集まりが富曽亀水泳部であり、少しぐらいの傷でも泳ぎとおし頑張りぬく、皮がはりきれず、ヒリヒリするのを我慢し泳ぎとおす、だるく疲れ練習に行きたくなくても、必ず自分からプールにやってきた皆さんでした。距離が長くなる（1万米）と、どうしても単純な練習になり、同じ事の繰り返しが多くなります。しかし、君達は練習のことでいやだとか、苦しいとか、やりたくないとか、弱音を一度もはきませんでした。こんな水泳部の選手たちばかりだったから、今日の栄光も当然であったのでしょう。明日は、君達の晴れ舞台です。全員一丸となって、富曽亀水泳部の水泳に賭けた全員のエネルギーを発揮してもらいたいと思います。全員が自己最高タイムが出ますよう心から活躍を期待しています。フレーフレー富曽亀水泳健児たち。

水泳部父兄の皆様へ

子供たち一人一人は本当に幸福だと思います。スバラシイ御理解のある御父兄にみまもられていること、水泳に打ち込めることを、これは、家族の温かい御理解があるからであります。ほとんど毎日子供さんの為に学校まで迎えに来てくださり、家庭での生活がまったく水泳をする子供さんの為に全て生活のリズムを狂わされたことと拝察いたします。本当に献身的に子供たちの面倒をみて下さった、多くの御父兄の皆様に心から御礼申し上げます。皆様方の真剣なバックアップに対して、いつもありがたく、いただくだけで何もお返し出来ず申し訳なく思っています。その都度、丁寧にお礼申し上げればよいのですが……ありがとうございました。

何事も……どれだけ真剣であったかということがためされます。何事も喜びを感ずるのは、……その事（水泳）に対して自分がどれだけ真剣であったかによって、その度合いによって喜びを感じます。その事により自分が生きている証を味わえます。

本当に長い間子供たちのためにありがとうございました。水泳もこれで本格的な練習は今年はこれで終わりました。本来の家庭にもどられて……いただきとうございます。

最後に明日の大会をめざす選手諸君へ

君達、あなた達が今日の栄光の水泳部を築き上げられたのは、お父さん、お母さんのおかげであった事を心から感謝致しましょう。お父さん、お母さんに感謝したとき、スバラシイ力を発揮することを忘れないようにしましょう。本当の自分を発揮しましょう。

（57.8.17）

キャプテン

春になって、新学期が始まると新しい部員が加わり新しいメンバーでの活動が始まります。新入部員も加わりキャプテンを決めなければなりません。前年度のキャプテンは高野君で、高野君と言えば、先に紹介した、足を怪我して膿《うみ》を出しながらも頑張った子です。彼は本当に後輩の面倒見がいいのです。怠けたりする子がいると、

「おい、何やっとる」とか言って彼が説教する。みんな下の連中はその高野君に憧《あこが》れているのです。高野くんがいるから水泳部に入ろうという、そんな子供もいたのです。彼が一言いうと、私が注意するよりも効き目があるのです。彼が、

「遠藤、しっかりやれ」とか言っているので、練習がピリッとしてくるのです。そのような事をみんなが見ていて、前の先輩は立派だった、私も先輩のようにしっかりやろう、そういう伝統が水泳部に出来ていったのです。

その高野君が卒業するので、来年のキャプテンは、子供の意見も取り入れ遠藤君に決めました。女子に強い選手がいたのですが、男の子がいいと思って、私は五年生の遠藤君に、「君ね、来年キャプテンになってくれないか。水泳部のために、先頭に立って、来年は君が高野君のように頑張る部長になってもらいたい」と言ったら、「はい」と言ってくれたのです。

ところが家に帰ったら、お父さんが反対したと言うのです。

次の日、私の所へ泣きながらきて、「お父さんが、僕よりも阿波さんに部長になってもらえと、お前は資格ないって言った。僕なんか弱いから、阿波さんが県のチャンピオンだし、全国大会でも決勝に残るトップ選手なんだから、阿波さんになってもらえと言われました」と言って、泣きながら、

「先生、僕、部長なれません」と言ってきたのです。

阿波さんというのは、前にも紹介しましたが全国でも有名な長崎さんに次いで平泳ぎの強い女の子でした。

「いやそんなことない、君はこれから頑張るんだから、大丈夫だから」と言っても、

「いやもうお父さんが」と、なにか家族の大問題みたいになっていたようです。

それで、

「先生いつも言ってるじゃないか、ほら、自分の中に素晴らしい力があるから大丈夫だ」と言っても、

「家に帰ったらお父さんにまた叱られるかも分かりません」

と言うのをなだめながら家に帰しました。するとお父さんも私のところへ電話をよこして、

「家《うち》の子なんてとっても部長できるような、優勝チームを引っ張る器《うつわ》でない。水泳部のキャプテンとして、高野君みたいに強くて、引っ張っていかれる器量もない。とっても水泳部の部長は無理。やっぱり阿波さんにしてもらいたい」

とか言われるのです。

「いやお父さん大丈夫です。彼は力を持っています」と言って、お父さんを説得したのです。

「先生、本当に部長なんて大役、務まるだろうか?」と言って心配されるのを、

「大丈夫です」そう説得して、お父さんも一応納得してくれました。

長岡市では水泳協会主催の、新春水泳大会があります。そこで代表の選手が新年の決意を述べるのですが、それを富曽亀小学校から代表を出して述べてもらいたいという事になりました。

それで六年生がいたのですが五年生の遠藤君が来年のキャプテンという事で、新年の時にその

決意を述べることになりました。

それで何を言おうかということになり、

「君、どうせ言うんならでかいこと言え、32秒で泳ぐと言え」といいました。

「いえ、先生、とっても無理です。僕まだ40秒も出せないのですから」と言うのです。

「大丈夫、大丈夫、ほら、自分の中に素晴らしい力があるじゃないか」と言ったら、じゃあ、分かりました、ということになり、新年の水泳大会で、

「僕は今度のBSNの水泳大会、学童大会には、32秒で泳ぎます」と宣誓したのです。

それを聞いてみんながものすごい、やあやあ、と言って拍手をしてくれるのでした。そして結局、その子は、夏の水泳大会には、32秒で泳いだのです。

私は彼に二十五メートルが、32秒の半分、16秒で泳げたときには」もうこれで泳げるようになるね」15秒で泳げたときには「99%もう実現するね」そして14秒台で泳げるようになったとき「完璧に32秒は出るね。よく頑張ったね」こう励まし自信を与えてきたのです。その結果として32秒で泳げるようになったのです。

彼も真剣に先輩の高野君のようにチームの先頭になって泳ぎました。

そして二年後、遠藤君が私に「先生、僕達の先生への餞別は、全中（全国中学水泳選手権大

会）の水泳大会での入賞です」こうきっぱり言ってくれるのでした。このことについてはあとで書きたいと思います。

私は、〝本当に決意する事は実現する〟と、子供たちに耳にたこができるほど言い続けました。そして、子供に実際実現させたのです。当然県大会で優勝です。私にはこの信念が今までの体験からわき出てくる言葉となったのです。

私が子供にこのようなことが自信を持って言えるのは生長の家創始者・谷口雅春先生の『生命の實相』のおかげです。『生命の實相』はすごいなー。『生命の實相』に書かれている言葉の力、また鹿沼先生の言われた言葉の力ってすごいんだなぁと、また私は信念を深めていくこととなったのです。

このように私は「言葉の力」で子供に内在する力を引き出し、実際子供が力を発揮してくれることにより、私はこの『生命の實相』の素晴らしさに心酔していくのでした。

自分を信じて、諦めないで

水泳部の子供たちは、成人してからよく結婚式に呼んでくれました。やはり、子供たち同士との人間的なかかわりというのか、つながりが強かったのか、そういうことでよく呼んでくれました。

珍しく水泳部同士のカップルの結婚式がありました。その時、小学生の時の思い出をスライドにして水泳部の仲間が小学校時代のことを発表していました。

花嫁さんのエピソードです。

一人すごく体の小さい女の子がいました。その女の子は学年の中で体が一番小さくて、体が弱かったのです。運動も嫌いだったのですが、体を鍛えるためにと、お母さんに無理矢理水泳部に入れさせられました。四年生の時のことです。

毎日、練習に行きたくないといって泣いて泣いて、お母さんを困らせた。その子が頑張って

全中の水泳大会のリレーで優勝するほどの頑張り屋の選手だったという話です。そんな思い出話をしているのです。

ところがそういう情報が私の所に入ってこなかったので、私にとっては初耳のことだったのです。私の指導の中心がどうしても、五、六年になってしまうので、彼女が四年生の時そんなに苦しんでいるとは実は分からなかったのです。

私はビックリして聞いていました。

私は結婚式後、是非その話を聞かせてもらいたいとカップルの家を訪ねました。

家に遊びに行き当時の話を後輩のためにとお願いしてインタビューしました。お母さんが話し出しました。

「いや、先生そうなんですよ。泣いてね、練習に行かないって言って泣くもんだから……」お母さんは怒っちゃって、「そんなだとおまえ物置の中、入れるよ。水泳に行くのがいいのか、物置の中入れるのか、どっちがいいのか」と怒られたそうです。すると、「物置の中入った方がいい」と言って、そして、物置に入って、「一人しくしく泣いてた」という実際の話を聞きました。

お母さんも悩まれて、どうして家《うち》の子ばっかり、こんな、水泳の練習行くのをいやがるんだろうかと、随分と悩まれたようです。

彼女は「自分は体が小さくって、運動の能力もないので、みんなから馬鹿にされているような気がして、また、みんなの練習にもついて行けないし、ものすごく辛かった。だから、練習するのは、いやだった」と言っていました。

そして、私に相談したと言うのですが、そんな相談されたかどうだか、私はちょっと覚えていないのです。〈彼女がそんなに悩んでいたのが、私に伝わってこなかったせいで、印象に残らなかったからだと思いますが〉

私に相談して、彼女は気を持ち直してくれたということです。お母さんも、

「じゃあ、お母さん、プールへ練習を見に行ってあげるから、頑張りなさい」というようなことで励まして、お母さんも応援してやることによって練習を続ける事が出来たそうです。

「小学校の時はAチームのリレーの選手に入れるというところまではいかなかった、Bチームの一番最後四番目ぐらいの選手でした」と言っていました。ただBチームといってもその時長岡市の大会ではリレーは三位になっていました。

中学へ行ってからは少しずつ、体も大きくなってきました。けれどまだ大分小さいのですけれども、だんだん体ができてきて、結局中学最後の三年の全中の大会で、彼女もリレーのＡチームのメンバーになったそうです。そして優勝しているのです。運動嫌いな、体の弱い子が全中の大会で優勝する、素晴らしい快挙をやったのです。

これからの水泳部の後輩のためにと彼女は話してくれました。

「自分を信じて、諦めないで、お母さんに励まされ、先生に励まされて、練習を続けた、その続けることが大事だった」と言う話をしてくれたのです。

私は彼女の話と、お母さんの話をビデオに撮りそれを全校朝会で話しました。

彼女の体験は、私の体験となって、あらためて子供に宿る無限力の素晴らしさを、教えて頂きました。

いろいろな体験をさせてくれた水泳部でしたが、富曽亀時代に一つ苦しい体験があります。富曽亀小学校の部活動の指導の中で最大のピンチでありました。

私が体育主任会に出てこれから反省会が始まろうとしていたときです。学校から緊急の電話がありました。

「スキー部の子供が交通事故で車にはねられた。すぐ学校にもどってくるように」ということでした。すぐもどると二人の子供が交通事故にあったというのです。

そのうち一人の子は重傷で、運ばれた子供の病院に行ってみると体中を包帯で巻かれていて、重りで引っ張られている。ある箇所は紐でつるされているなど、大変な容態でした。骨盤も含む全身十二ヵ所の骨折の重傷だというのです。

迎えの車に乗ろうとしたとき、反対側から来た車にはねられたというのです。

私は、彼の入院している病院に漫画本を持っていったり、本を持っていったりして何度も通わせてもらいました。医師の診断によると、命に別状は無いが、最悪の場合歩くことすら出来なくなる可能性があるということでした。彼をこのようにしてしまった責任を私は全身に感じました。何事もないときは部活動は最高の生き甲斐の場でもあるが、ひとたび問題が起こるととんでもないことになることを、体に浸みて学ばせていただきました。

それにしても、怪我をさせた要因は私が部活動をしていたからであり、もし、部活動をしていなかったら、このような悲惨な目に遭《あ》うことがなかったのにと考えると、どうにもならない気持ちで一杯になる。いつも病院の見舞いは重ぐるしい雰囲気のみでありました。

幸いお家の方から、このような事で先生が部活動から手を引くことがないよう、うちの子供の分まで、他の子供たちに頑張らせて欲しいと言われ、本当にご両親に感謝をするのでした。

彼は、医者から歩けないようになるかも知れないと言われていましたが、「そんなことには絶対ならない、自分を信じていた」と言ってくれました。しかし、歩けなくなったらどうしようという不安で不安で一杯だったそうです。結局百九十日程入院することになりました。

富曽亀水泳部はこの年、春のジュニアオリンピック出場権を得ていました。全員でジュニアオリンピックに行くということで積み立てもしてきましたが、この事故で出場を自粛することになりました。

彼は退院しても、車いすの状態で、六年生の時は一年間何も出来ず小学校を卒業しました。中学一年生も車いすと松葉杖、二年生からリハビリにと水泳を始めたというのです。そして、水泳が出来るようになり、歩けるようになりました。三年生ではリレーの選手にまで選ばれるようになったのです。

彼の素晴らしい根性に敬意を表します。

そして、彼が中学三年の時です。全中の水泳大会で彼が六ビートで打てて2秒縮めれば優勝できるかもと、水泳のコーチが言ったそうです。交通事故の怪我の関係で六ビートが出来なかったのが、大会当日の決勝の時にはコーチが言っていたとおりの六ビートを打っていたというのです。そして、彼が2秒縮めたぶんタイムがあがり優勝できたということでした。私は、彼の結婚式に中学の水泳のコーチと共に呼ばれた時、中学での水泳の苦労話を聞き、その後彼の家を訪ねて、後輩のために君の苦労した話を聞かせてくれと聞きに行ったのでした。

彼の話によると、

「交通事故の二年半は決して無駄ではなかった。自分は決して歩けない人間になるとは思わなかった。河内先生がいつも言われていた『自分の中には素晴らしい自分がある』そう思いながら自分を信じて諦めることなくリハビリを続けた。そして、自分を信じて練習を続けてきた。その努力があって、全中の大会で優勝できた。皆さんも決して自分をあきらめることなく、自分に宿る素晴らしい自分を信じて最後まで努力をする人になって下さい。私もこの交通事故は無駄でなく、怪我で精神的に大きく成長させてもらった」という話をしてくれました。

交通事故を起こしたということで、全国大会出場をやめようということになり、父兄の人たちは、全国大会へ行く積立をしていた積み立て金があったものですから、「それで、どこかへ行くか」というようなことになって、みんなで南魚沼の八海山麓スキー場に行こうと言うことになりました。スキーの練習もかねてみんな行きました。

このスキー旅行は水泳部家族全員の大旅行でした。その頃水泳部だけで八十人ぐらいいましたので、それに父兄の人もご夫婦してついて行くとか、そんなことでものすごい大部隊になり、旅館一軒に入らなくて、二つの旅館に分かれて泊まったり、夜はお楽しみ会、子供たちが何をするんだと思っていたら、女の子が、男の子にスカートを着せて、女装させてファッションショーをするのです。

男子が次から次へと女装をしてステージに出ます。すると、女の子が得意そうにマイクを持って説明するものですから、男の子はちょっと照れたり、もうみんな笑いこけ、今までの苦労をわすれみんなで純粋に喜びあえ楽しめた水泳部の大家族旅行でした。

全国にさきがけたプールハウス

下条小学校にいた時、プールの水温を高くしたいとプールにブルーシートを掛けた事は先にお話しましたが、屋外のプールでの練習には水温がものをいうのです。水温が1度、2度高いかで全然違うのです。そんなことで私は水温にこだわりました。

秋になると、屋外のプールは寒くて泳げなくなります。かと言って毎日温水プールに連れて行くこともできません。なんとか学校のプールの水温を上げる方法はないものか、そういうことがいつも私の頭の中にありました。鉄骨で屋根をかけてビニールを張ればいいのですが、そんなのを建てるにはすごく金がかかることはわかりきっている。

それでも安い費用で出来ないものだろうか、屑鉄屋（廃品回収業者）とかそういう所に鉄骨の材料とかプールハウスの材料がないものだろうかと、学校の帰りに毎日長岡の屑鉄屋を回って、材料費だけでどのぐらいかかるのかを考えながら帰るのが日課になっていました。

あの頃、高速道路や新幹線の工事など、いろんな大きな工事が進んでいました。工事中の新幹線の下に、鉄道のトンネルを掘るときに使う工事用鉄骨の資材が置いてあり、それを見ながら、こういうのは譲ってもらえないかなぁなどと考えたり、電話で問い合わせたりしました。毎日毎日本当に悩み考えていました。

それで、取敢えず私の力で出来るものはないんだろうか、とにかく水温を1度でもあげたいという事で、一番最初にやったのは、やっぱりブルーシートでした。

下条でやった時には水にピタッと張り付いてしまう、それが水に吸いついて、片付けるのにものすごく苦労をしたという経験があります。

今考えれば信じられないような馬鹿なことをしたと思うのですが、富曽亀小学校ではこの経験を生かし、プールを囲っているコンクリートの柱に、コースロープのワイヤーを張り、この上にブルーシートを掛けて練習する。

練習が終わったらそのコースロープを緩めてやると、ブルーシートが下へ下がる。水にくっつかない程度に下げて、周りにちょっと石をおいておく。

次の日になるとまたワイヤーを張って、ビニールがパンと張るまでプールの上に上げる。その下に水とビニールの空間ができるわけです。そこで子供たちを泳がせました。

風が入ってくるのをちょっと防げるので子供は温かいと言って泳いでくれました。そんなことを、一年間やりました。

水温は夜の冷え込みを防いで少しは上がりましたが、これじゃとてもじゃないが、私もプール管理ばかりで水泳を教えていられない、これじゃだめだ。

二年目は、前にも述べましたが農業用のビニールハウスをプールの中に建てました。農家で苗をいれたり、促成栽培などするビニールハウスです。

プールの半分をビニールハウスが覆うようになりました。やはりハウスの中はあったかい。風は防げるし、ハウスによって水温もあがります。やっぱり違うのです。

水泳の練習は、だいたい水温25度、26度になると、もう自由に泳げるのですが、22度ぐらいまで下がると子供にはかなりきつくなります。1度水温を上げてやることで、子供がもう五百メートルぐらいよけい泳げるのです。

こうして、少しでも水温を上げたい、こんな強い思いを持っていたのでした。でも、やはりビニールハウスは狭くて、煩瑣《はんさ》なことはたしかでした。

やはり本格的なプールハウスが欲しい。しかし、……こんな思いが益々強くなってきます。しかし、何百万もかかる仕事を簡単には出来ません。出来ることをやろうと次の年は二つハウスをプールに入れました。面積が広くなると、それなりに効果が上がります。でも、やはりこれは、風が吹いてきたりすると弱いという欠点がありました。

父兄の方々の協力も得て作ってくださったビニールハウスですが、狭くて充分なプールとは言えません。私は何とかして、〝鉄骨を立てた、子供たちがのびのびと練習できるようなプールハウス〟を作りたいという気持ちがあり、それからも古材屋を毎日、毎日回っていました。

〈どうしても作りたいな、作りたい……〉

ジュニアオリンピックでリレー六位に入賞した南雲さん（仮名）のお母さんが、水泳部の会計を担当してくれていました。先生は必ずプールハウスを作りたいと言うはずだ、そうした時には金がかかる。いつ河内先生がそれを言うか心配でハラハラドキドキしていた。それで、水泳部で一杯飲んだ時は、残った残金を少しでもとプールハウスの建設補助金として貯金していたと言ってくれました。「先生は必ずプールハウスを作ってくれといつかは言うはずだから」一所懸命水泳部の会計に金がたまるように努力したと言うことでした。

私もどうしたらプールハウスが出来るだろう。そんなことを、毎日、毎日どういうふうにすればいいのか考え悶々《もんもん》としていて、プールハウスのことだけで頭がいっぱいでした。

不思議です。どこから聞きつけてきたのでしょうか。新潟資材という、ブドウ園のハウスとか、そういう大きな農業用ハウスを作っている会社が、モデルケースとして、富曽亀小のプールハウスを作らせてくれないかと、会社の方から作らせてくれと来たのです。

私がそんなことを考えているという情報がどこから入ったのか不思議です。長岡近辺の人が聞きつけたというのならわかるけれども、長岡から六十キロも離れている新潟県の白根市や下越方面の仕事を中心にしている会社が来て、

「設計料は全部会社で出す。ハウスの材料費だけ出してもらえば作ります。作らせて下さい」

という話が来たのでした。

それで水泳部の人たちが学校と相談して、それでは是非作ろうという事になったのです。プールの周りを固定する作業とか、人足みたいな仕事はみんな水泳部の人たちがすることにしました。工事は業者の人がきて指示して、水泳部の保護者の労力奉仕で組み立てました。本当に材料費だけでプールハウスができたのでした。

とうとう私がいつも夢見ていた、その念願のプールハウスが完成しました。全国どこにもなかったと思うのですが、富曽亀小学校に第一号のプールハウスが完成したのです。

そのプールハウスが出来てから、いろいろな学校が、富曽亀のプールハウスを見に来まして、それぞれの所で作ったようです。新潟県の中にもたくさん出来てきたのです。

私の発想はちゃっちなもので、室内プールを作ってもらえば一番いいんですが、そういう本格的なものだと何億もかかる、そこまではというような気持ちで、下条の時からビニールやブルーシートを張ったり、農業用のハウスを建てたりしていましたが、念願がかなって、テストケースだから風にどれぐらいもつか分からないということもあったのですが、完成したのです。

いろいろ欠点もあるプールハウスでしたが、このプールハウスをつぶしたくないという思いがあり、風が吹いてくると、すぐ学校へ行きます。真夜中でも、風の強い夜は心配で出かけていました。ある日、真夜中に風が強いので学校に行ったら、パトロールをしていた警察に捕まったことがありました。その時はプールハウスのことばかり考えて出てきたものですから、いつもポケットの中に入っていた免許証を持ってこなかったのです。

身分を証明するものも何もなくて、困ってしまいました。ちょうど富曽亀の水泳部の人の家の近くで捕まったので、夜中の一時頃だったのですが水泳部の人に電話をしました。

「申し訳ないけれど、今警察に免許証不携帯で捕まっているので、自分の身分を証明してくれないか」

「何で今頃来たんだい」と言う。

「いやプールが心配なもんで、プールハウスが潰れたら悪いと思って、プールに来たんだ」

「そりゃ大変だ、ご苦労さん。すぐ行くけ」

真夜中にみんな来てくれて、私の不審な行動は警察に理解してもらったのです。

それからは、風が吹くと河内がプールに行っているんだという事が分かって、水泳部の役員みんなが風が強く吹く毎にプールサイドに来るようになりました。しかし風が吹き出すと十分や二十分で止むわけではない、何時止むか分からないので、プールサイドに簀《す》の子を敷いて寝る、みんな朝まで眠ってしまい、朝になってのちのPTA会長さんの電気店の奥さんが、「もう朝です。時間ですよ」と起こしてくれるのです。そんな馬鹿な常識では考えられないような経験もいたしました。

プールに風対策が必要だということで網《あみ》を張ることにしました。水泳部の父兄が漁師と親戚で網をもらえる。その網を風よけに張ろうということになりました。

鉄パイプで柱を立てて、そこに漁師の魚取りの網を張るのです。

この網を張ることにより相当の風が来ても大丈夫になりました。風を少しでも防ぐ工夫をすることにより、それからは、プールに泊まらなくてもいいようになったようです。

予想以上の突風が来たときは、強い風でプールハウス全体が吹っ飛ぶというのです。その時は、ビニールを切れと言うことでした。竿の先に鎌をつけ、その竿を四本用意しました。しかし、この鎌を使うほどの突風は来ることが無く、結局鎌は使いませんでした。ハウスの強度もだんだんわかってくるようになりました。

また、常に補強してきました。どういう所を補強するとよいか、風が吹けばビニールもバタバタするので、ビニールの張り方をどうするかも工夫しました。初めは普通の農業用のハウスと同じようにビニールのヒモで止めていたのですが、いろいろな工夫をして、ビニペットという便利な材料も教えてもらって、それをつけると、ガラスのようにパーンと張れるようになる、そういう事も分かったり、風の対策もいろいろと分かってきました。

このハウスができたことで、水温はどんどん上がりました。もう暑くて暑くて、四月の終わりぐらいから泳げる。四月の終わり頃から好天が続くと27、28度になってくる。六月になると暑くてしょうがないから、今度はハウスの温度を下げるためにハウスをめくらなきゃだめだということになりました。ハウスの袖をめくるようなものもつけました。そうしてハウスの中の温度をコントロール出来るようになりました。プールハウスがあれば、十月いっぱいぐらいまで楽に泳げるのです。

また暗くなると今度はライトをつけて練習します。ハウスの中ですので、ライトは簡単につけられます。ライトをつけると水がキラキラ光ってその中を泳ぐのがまた一層楽しく、練習に力が入ってくるのです。このようにして練習量が充分確保されるようになりました。

富曽亀小学校の時代が、私の水泳指導で一番充実した時代でした。

毎年全国大会をねらって練習をしていました。全国大会が目標でしたから、県大会では勝つのは当たり前のようになりました。私の富曽亀小学校最後の年は、ＢＳＮ水泳で大会は二十四種目中、十七種目優勝しました。

下条小学校の時、スイミングを必ず倒すと涙してから、私が監督をやっている期間は、六日町に行った一年目だけはちょっと負けてしまったのですが、男子も女子もほとんどリレーを優勝させ、スイミングには毎年勝つ事が出来ました。

このように、本気でやるなら、どの子の中にも素晴らしい力が内在していると信じられるようになり、そのことが本気で活動出来るエネルギーになったのです。そして、その子に内在している力を引き出すことが教育であるとわかってきました。どの子の中にも無限力が宿っていることを信じられるようになりました。

私はそれをどの子の中にも無限力が内在することを立証するために、十五年間水泳指導を連続して指導する私の使命があったと思うようになったのです。そうして、「どの子の中にも無限の力が内在しているんだ」と言いきれる自分になりました。

私も若いときにはどの子供にも無限力があるということが信じられない、悶々とした時がありました。それは、無限力が子供に内在しているかどうかの問題でなく、自分に子供の無限力を引き出す指導力があるかどうかという問題であったのです。自分にその指導力が無かっただけなのでありました。

私は勝負にこだわったわけではなく、子供に内在する〝無限力〟にこだわったのです。私が求めた教育は子供の力を引き出す教育であったわけです。内在の無限力があるなら自分の所に来る選手で、毎年優勝させられるはずだ。全国大会もねらえる選手のはずだ。このことが毎年出来ると言うことは、どの子にも無限力があると言い切れるはずだと実践してきた人間であったのです。

小学校教師で子供の無限の可能性に挑戦する教師は、あまりいないと思うのですが、私は子供の無限の可能性とは何か、そのテーマに挑戦させてもらいました。「どの子の中にも素晴らしい力があるんだ」という事を、私は実際の体験により学ばせて頂いたのです。

プールハウスや頑張る子供、その保護者など人的環境との巡り合せを神様が用意なさっていてくださった、このように思わざるを得ないのです。その不思議さに驚いているのです。

この世の中は何事も自分一人で出来るものではないのです。みんなの協力を得て活動できる。協力を得なければ本気の活動は出来ないということです。

一つのことをやりとげるには人との調和が何事においても必要になります。調和するとき物事がスムーズに進むのです。

僕たちの餞別

私が富曽亀小学校五年目を終わるとき、西野先生が六日町小学校の校長をされていました。先生があと二年で定年という時でしたので、私に六日町小学校に是非と声をかけて下さいました。昔、西野校長先生を追っ掛けていたので、校長先生が「六日町に」ということで、私は六日町に喜んでいくと申しました。そして、南魚沼に希望を出しましたら運良く実現しました。最後に恩師のお手伝いが出来るとは運の良い私でありました。

その三月、富曽亀水泳部保護者会会長の佐藤さんが、富曽亀小学校だけでなく水泳関係者を呼んで私の送別会をしてくれるというのです。水泳部八十人の保護者、卒業した水泳部の保護者、それから長岡市の水泳協会の役員、高校の水泳部監督が送別会に来てくれました。私が六日町に単身赴任で行くから、可哀相だからと、餞別にと、ちょうど電気屋のお店の方が水泳部の副部長さんで、ＰＴＡ会長さんもやっておられた方も居られて、みんなからの気持ちだと冷蔵庫と、テレビを戴いたのでした。

保護者が、子供たちに先生の最後の話をしてくれということで、堀金公民館に水泳部の子供、保護者が集まりました。離任式が終わったその日の午後です。公民館で子供たちに最後の話、子供たちへのお礼の話と、「自分の中には素晴らしい自分があるんだ」という話をさせてもらったのです。

そして、私がいよいよ、「じゃあ帰る」という時になったら、中学生の水泳部の遠藤君が、「先生、先生に餞別をあげます」といきなり言ってくれました。

保護者会などで餞別などという話が聞こえたんだと思うのですが、子供たちが、「僕達は、先生に餞別をあげたい」と、そう言ってくるのです。

何を言うのかと思ったら、長岡の悠久山プールで来年、全中の水泳大会がある、「全中の水泳大会で入賞します。僕達がそこで入賞する、それが僕達の餞別です」と言ってくれました。

「先生、これが僕達の餞別ですので、必ず先生に餞別をやりますので、その僕達からの餞別、受け取って下さい」と、前に述べた32秒で泳ぐと宣誓した彼が、決意を言ってくれるのでした。

「ほお、そうかっ！　いや、そりゃあ有難う。楽しみにしているぞ」

そんなことを言って、私が車に乗って出て行ったら、子供たちみんな走って追っかけてくるのです。前、交通事故があった経験があるから、

「おい、やめてくれ、また交通事故でもあったりしたら、どうするんだ」と車を止めて注意し、別れたのです。

翌年、全中の大会が長岡の悠久山プールでありました。私は水泳協会の役員なので、監察員の泳法審判員をしていたのです。

私の目の前で、彼らはちゃんとリレーで六位に入賞しました。

「先生、餞別渡しました。」

私のところへ挨拶に来てくれたのです。私は彼らの約束を思い出し、

「いや、そうか、いや、たしかにもらった。ありがとう。」

決意することは実現することと、またもや確認させられたのです。

こうして、私は言葉の力を信じていく指導者になっていくのでした。子供が決意するということは、子供に内在する「自分の力を発揮」する重要なポイントだと言うことです。

私がプールサイドで毎日話していたことを子供たちが実現してくれたのです。

入院

富曽亀小学校から六日町小学校へ転勤です。恩師の西野校長先生の下に行きました。先生は本当にお世話になった先生であり、最後のご奉公が出来ると喜んで行かせてもらいました。

六日町小学校は南魚沼郡の中心校で、プールを二つ持っている学校でした。それから六日町には市営の五十メートルプールがありました。このプールは全国の大学のトップ選手が合宿にくるプールでした。その頃背泳で金メダルを取った鈴木大地選手など、日本のトップ選手が、南魚沼郡の六日町まで合宿に来ていたプールだったのです。

私は、不思議と六日町でもプールに縁があったのです。今までは、水温という事のみを考えていましたが、六日町小に行ってからはプールハウスだとか、そういう事は考えなくても、町のプール、五十メートルの温水プールを自由に使えたラッキーな面があったのです。

その反面、私もだんだん年をとってくるので、学年主任になったりとか、研究主任になったりとか、そういう立場を与えられるようになりました。そうなると部活ばかりをやっていられなくなって、放課後は会議や打合せもしなきゃならない。そういうような事で、ストレスがたまってきました。富曽亀小学校の時みたいに、子供オンリーならよかったのですが、学校の研修、職員の研修、それに加え、六日町小学校が研究会や、文部省の体力作りの全国大会の発表会と、大変忙しい学校でありました。

子供にだけ専念していられない。先生方も相手に研究推進をしていかなければならない。全校の生徒を研究会に向け指導していかなければならない。学級の仕事もしなきゃならない。私は子供たちと一緒であれば学年主任も研究主任も要らなかったのですが、それなりの年になったので、校長としては私にそういう経験をさせたいという気持ちもあったのだと思うのです。そんな事で、私の中に苦しいな、辛いな、水泳の練習も思いっきり出来ない、そういうストレスが出てきたのです。富曽亀の時は部活も徹底的に、放課後の時間をみんな使ってやっていた、今ではそういうことも出来なくなっている。私の中でそんな重苦しい気持ちがたまっていくのを実感していました。

私は単身赴任で、六日町の教員住宅へ泊っていました。夕食は水泳部の保護者会の会長さんが料理屋さんをしていて、そこで夕飯を食べさせてもらって、特別に朝食のおかずも作ってもらいました。朝は味噌汁と、味噌汁といってもインスタント汁と、ご飯を一合炊いて、前の日に戴いたおかずで朝食を済ませていた、そんなわがままな生活をさせてもらっていました。

ところがある夜、猛烈に腹が痛くなり、もうどうしようもない。風呂をわかせば気が紛れるかなと思って、風呂をわかして風呂に入ったり、雑巾掛けでもすれば気が紛れるかなと思ってやるんだけれども治りません。痛くて痛くて、住宅の中で一人悪戦苦闘して、朝までほとんど一睡もしないでいました。

これが尿管結石だ、などということは自分では分かりません。経験がなかったからです。隣に他校の養護教諭の先生がいたのです。

「先生、私に言ってくれれば、すぐ病院連れてってやったのに」と後から言うのですけれど、まさか隣の先生を起こしてまでそんなことできないと思っていました。また、自分がそんな病気になっているとも思わないし、〈まあ、朝になれば治るのかなぁ、子供の顔を見れば腹が痛いのは止まるかなぁ〉と思って、「痛い痛い」と言いながら朝を迎えました。

朝、車を運転して行こうと思ったのですが、とても車を運転できるような状態じゃないので、教員住宅の仲間の職員の車に「乗してってくれ」と、学校まで乗せてもらって、学校へ行けば気が紛れて大丈夫かなと思っていたのですが、学校へ行っても階段が上れなかったりとか、椅子に坐っても痛くてという状態でした。

先生方も、すぐに六日町病院に行けと言うので、管理員さんに六日町病院まで連れて行ってもらいました。そうしたら即、六日町病院に即入院せよと言うことでしたが、単身赴任で六日町で入院したらいろいろと困るので、「長岡の病院に行きたい」と言ったのです。そうしたらお医者さんに怒鳴り付けられました、「馬鹿もん、長岡まで行かれるのか」と言われたのですが、管理員さんが乗せて行ってくれるというので、頼むと、長岡まで乗せて行ってもらい、長岡の私の家からすぐ近くにある日赤病院に連れて行ってもらいました。

日赤病院に着くと、その時の担当が富曽亀小学校時代の水泳部の保護者会の方で、婦長さんをやってる人でした。その方がすぐ病室をとってくれて、長岡で入院となったのです。

私は、最近になって部屋を整理していたら、黄色い表紙の文集が出てきました。これ何の文集かな?　いつの文集かなぁと思って開いてみたら、ビックリしました。私が日赤に入院したというので、子供たちが手紙を書いてくれた、その手紙をまとめたものでした。そういえば、こんなのもらったんだったなぁ。思い出して懐かしく、また感激して読み返したのです。

《早く病気を治して。先生は、本当の自分を知ってるんだから。》

《先生が毎日部活で忙しい先生なのに、毎日僕たちと一緒に遊んでくれた。》

そんな内容の手紙が一冊にまとめて、「六年一組一同から――河内先生へ」と表紙がついていました。その中からひとつご紹介します。

《河内先生へ

病気の具合はどうですか。河内先生が病気になるなんて　信じられないと思いました。早く、ほんとの河内先生になって、学校にきて下さい。そして　また　私達に本当の自分の話を聞かせてください。

私達は河内先生がこられなくなって、今のところ、けんかもなく、元気にしています。もう「算数のまとめ」54～96Pまで、おわってしまう人もいます。私もきのうは、河内先生が学校に来るときまでに、「算数のまとめ」の一回目をおわして、二回目に入っているようになろうと思い、はりきって勉強しました。学校でのみんなの生活は、先生がいなくなっても、給食の時間は静かだし、勉強時間も自習の時間は少しむだ口が多いけど、他の先生には、めいわくをかけていません。河内先生がいなくなって、私達は、いろいろな先生から、いろいろな話を聞かせてもらいます。宇目沢先生には、健康を保つにはどうすればいいか、などの話を、中村先

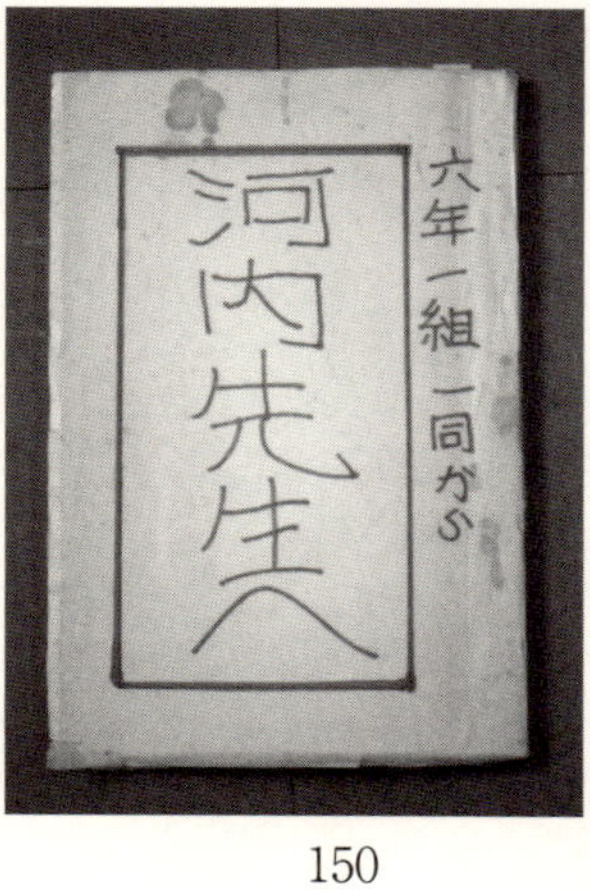

生には、終会の時など、おせわをしてもらって、河内先生の病気についてなど話をしてもらっています。でも私は、他の先生では何かものたりません。やっぱり本当の自分の話を聞けないことです。河内先生は、やっぱり本当の自分の事を教えてくれる、めずらしい先生なんだな、とつくづく感じました。河内先生が担任で本当によかった。本当の自分の話をしてくれる先生でよかったと思いました。

感想文コンクールで金賞は本当にうれしかったです。本当に、先生のおかげです。何度も何度も書きなおし、本当につらいでした。やりたくないなと思いました。でも本当の自分はすばらしい、と先生にはげまされ、こんなに立派な賞がとれました。でも本当の自分は、もう前から金賞をとっていた自分なのですよね。

私達は、はりきって勉強をします。先生も早く本当の河内先生になって、私達に本当の自分の事を教えてください。

鈴藤朋子》

ほかにも、

《先生は本当の自分を知ってる先生だから、すぐ病気治りますよね。》

《先生はもうすでに病気が治っていますよね。》

《先生は本当の自分を知ってるんだから、僕のおじいちゃんなんか手術したんだけれど、先生はそんなことしなくてすぐ帰ってくると思う。信じてます。早く帰ってきてほしい。》

《先生は他の先生と違って、自分の中に素晴らしい力が入ってると、何時もその話をしてくれた。だから、やはり他の先生の話じゃ物足りない。》

このようなことを書いてあったのです。ウワーと思いましたね。

病院に入院してみると、昨日まで子供とグラウンドで遊んだり、みんなと勉強したのに、今日はもう、ベッドの上で点滴している。そしていつ治るか分からない。不安にさらされている生活なのです。あまりにも違う変化にとまどいました。

私は神様にすがるような思いで祈りました。神様大変申し訳なかったです。私は弱音をはいて、自分の仕事と部活の両立がうまくいかないので、そういうところから逃れたいなぁ、逃れるもんなら逃れたいなぁと、そんな弱気の心を持っていました。

今、毎日子供と一緒に活動できる素晴らしさをつくづく感じました。もう一度私に使命があるなら現場に復帰させて下さい。もう、決して弱音を吐くことはいたしません。

本当に藁《わら》にもすがるような思いで純粋な気持ちになって病院で祈りました。

そうしたら、四日目に石が出ました。朝トイレに行って尿を採《と》っていると、コロコロコロッときれいな石がでました。「わあすごいな、こんな石が入ってたのか」と思って看護婦さんに見せたら、「おお、これは先生が喜ぶ」とか言って持っていっちゃったのです。あのとき記念にもらっておけばよかったなぁと思ったのですが、なにかすごくきれいな丸い石でした。

私はもう石は出たんだから、これで退院できる。ああ、よかったなぁ、〈よーし、私はもう二度と弱音をはくまい、子供と一緒に生活できる最高の喜びを忘れまい。子供と一緒に活動できることに感謝することを忘れて、問題から逃れたい、できるものなら逃れたい。そんな弱い気持ちを二度と持つまい〉と決意するのでした。そして、命を与えてくれている生命、神様の御心のままに全力を尽くしたいと、そんなことを決意しました。

普通一ヵ月とか、二ヵ月ぐらい入院と言われていたのが、四日で退院できました。

学校に出るとすぐ部活をやりました。子供たちにも、

「先生、やっぱり本当の自分を自覚してると、違うんだね。」

「先生、ひよこの時の話と先生は同じだよね。」

涙が出るようなことを言うのです。

ありがとう、みんなのお手紙のおかげで、先生も本当の自分に気づいたんだ。人に話すこと

は簡単だけど自分のこととなると忘れるんだよね。でも、みんなの手紙を見て先生も気づき、自分に宿る本当の自分を自覚したとき石が出たんだ。みんな、ありがとう。先生も本当の自分について体験したよ。自分に宿る素晴らしい力を信じることが必要だね。先生も何か弱い気持ちを持っていてね、病気になったんだ。だから、もう先生もそういう弱い気持ちをやめて、これから毎日、毎日をみんなと全力尽くして頑張りたいと思っている。よろしくお願いします。本当に自分に気づき決意したとき石が出たのです。そして退院できたのです。

自分の体験を子供たちに話すのでした。

「先生、僕たちは先生が本当に自分を知っている先生だからすぐ退院できると信じていたよ、そうしたら本当にそのとおりになった」と言ってくれるのです。

「ありがとう。ありがとう。」

子供たちの純粋な気持ちに私が清められ、私の魂が純粋になるのを感じることが出来るのでした。まさしく子供に教えられるのであります。教師は子供を指導し、子供に教えられる存在であることを私はこのときまた認識させられるのでした。

スノーモービルとコロッケ

私が六日町小学校に転勤して来る前、六日町の体育主任会の年度末の反省会が六日町小学校で行われたそうです。

その席で西野校長先生が、「今度、六日町小学校にすごい男が来るぞ。おまえたちはみんなやられるから、覚悟しとけ。いいか、今から準備しておかないと、水泳なんてめちゃくちゃ負けるぞ、今からおまえたちの学校は、徹底的に練習しとけ」、というような事を言って他校の先生方に宣伝されたというのです。この話は、南魚沼郡にきて私を最初に歓迎してくれた先生から聞きました。

その先生が、

「先生、今日は俺の家に一杯飲みに来ないか」というのです。大会も終わったし少し一息つきたい感じがありましたので、

「ご迷惑かけます。おじゃまします」と言って寄せて頂いたのです。すると、その先生は、「『来年はいいか、若い河内が来るから、みんな全部やられるぞ』と、そう校長先生が言ったけれど、まさか南魚の先生方も意地があるし、本当に六日町小学校がほとんど勝つわけがない。南魚沼郡にもそうそうたる体育主任の先生が一杯いるのだ。河内が来ても勝てるわけがない、とそう思っていた、しかし、河内が来て見事に、校長先生が言ったとおりに全部負けてしまった」すき焼きを戴きながらそんなことを私に話してくれたことを覚えているのです。

私は体育を通して沢山の南魚沼郡の先生方と深い交流が出来ました。今になってみると、その時のライバルの仲間がみんな立派な校長先生になっています。そして、今でも大変お世話になったり助けて頂いて、いい関係を作らせてもらっているのです。西野先生のおかげで南魚沼郡に寄せてもらって良かったなぁ。魚沼の多くの先生方と知り合いになれた事は私にとって最高のことでした。

さて、話は変わりますが、新潟県には新潟県の先生方のスキー技術指導法を向上させるためのスキー研究団体があります。それが新潟県学校スキー研究会なのです。

南魚沼郡はスキーのメッカであり、スキーが大変盛んなところでありました。南魚沼郡の中心校でもある六日町小学校が、中越地区の学校スキー研究会の会長校でありました。そこには中越の事務局もあり、スキー研究の仕事を実際進めている事務局校でありました。ですから中越が担当になるとほとんど六日町小学校がスキー研究会の会場になるという時代でした。

その年も、六日町小学校で学校スキー研究会がありました。県内外から四百名ほどのスキー関係の先生が集まりました。スキーの実際指導があります。子供たちにどのように指導しているのかを実際に公開するのです。選手クラスの部活からと低、中、高学年の授業を同じ時間に公開するのです。ですから、この研究会を開催する会場校は会場設営が大変なのです。前の日にコースを全部スノーモービルで設営します。公開に必要なコースを作るのです。

その時の研究会の会場設営には、六日町小学校の隣に魚沼川が流れていて土手があるので、その土手から滑ったりするようなコースをみんなで踏み固めました。

また、土手から降りてくる坂にブルドーザーで雪を入れてもらい、緩い下りのコースを作りました。四十メートル程のごく緩い下りのコースです。子供たちにダイアゴナル（交互滑走）を指導するのには絶好のコースでした。このようにしてコース整備をしたのです。

全部準備が終わって、学校から帰り、いつもの夕食を食べる料理屋さんで夕食を戴いて帰る時、ぼさぼさ雪が降っているのです。このまま降ったら大変だと思いながら住宅に帰ったのでした。

朝起きると玄関前が雪でビッシリです。玄関から出られません。

「大変だ、コースが全部ダメになった。作り直さなくてはならない」私は朝食を素早く取り学校に向かいました。新雪が七十センチも降ると、コースをつけるのは大変なことなのです。それは何年も経験していましたからすぐわかりました。今日のコースを作り直すことはあまりにも大変であることは充分すぎるほど知っていたので早く学校に行ったのです。

案の定、学校に着きましたら、七十センチぐらい新雪が降り積もっていました。昨日作ったコースがもう何もないのです。体育部の若い職員はみんな駆けつけてくれました。朝五時半頃です。みんなで、この新しい雪の中に、もう一度コースを作り直さなければなりません。しかし、新雪の深い雪にはスノーモービルは慣れた人間が乗らないと、すぐに雪の中にもぐってしまう。もぐってしまうと、今度はみんなでその周りを踏み固めて、コースを踏み付けて勢いをつけてからダッシュしないと脱出できません。またスノーモービルの沈没している現場に行くまでも大変なのです。

私がスノーモービルに乗っている経験が一番多かったものですから、一番慣れている私がまずコースを走り踏み固めることになりました。

さっそくスノーモービルにのってコース整備です。新雪の中をスノーモービルに乗るのは最高の快感なのです。雪と戯れるように走るのです。決してエンジンを吹かしすぎてはいけないのです。しかし、スピードを出さないと沈没します。新雪の中を波に揺れるように、雪と戯れながら走らないといけないのです。この新雪を走る時の感覚はスノーモービルに乗る人にとっては最高の醍醐味ですが、よほど新雪に慣れたベテランでないと走れないのです。

また、それ以上に大変なのは、新雪を荒く踏んだあとは、踏んだ所と踏んで無いところの高低差が四十センチくらいでき、スノーモービルがバランスを崩し転倒してしまうことがあるのです。まるで、荒波の中を走るモーターボートのようなものですから、いつひっくり返るかわからない。でも、とにかくスキー研究会があるということですからコースをつけなくては話になりません。三台のスノーモービルを交代して運転し必死でコースをつけました。研究会公開一時間前にやっと間に合ったものです。

私は自分でスノーモービルを二台持っていました。二台目はスノーモービルが潜ったときそのスノーモービルを救助に行くためのものです。沈没した周りをスノーモービルで踏み固め、スノーモービルを脱出できるようにするためです。そうでないと自分の足でスノーモービルの周りを全部踏み固めなくてはならないからです。このような経験から私にとってはスノーモービルが絶対必要な道具でした。また、スノーモービルを運搬するトレーラーも持っていました。雪を求め、坂を求めて、いろんなところで練習するので、移動に必要な道具でした。若いとき、雪をこざきスキーで雪を踏んだ苦しい経験が必要性を感じさせたのです。

また若い時は馬力があったのでコースを作る仕事も子供と共に楽しかったのですが、仕事が多くなってくるとコースを踏んで作る時間がとれなくなってきたからです。

また、スノーモービルが購入しやすい値段になってきたからでもあります。昔も、スノーモービル、自分で欲しいなぁと思っていました。下条にいた頃は、一台二百万か三百万ぐらいしていたので、とても私の小遣いじゃ買える値段でないともう初めから諦めていました。

南魚沼郡に来て、スキーが本場の町ということもあり、各スキー場でスノーモービルを持っており、魚沼にはスノーモービル専門店がありました。その専門店にたちよると、昔のように高い値段ではなく、七十万円くらいでした。よし、それなら俺も買おう。そう思い、どうしてもスキーの指導にはスノーモービルが必要なんだと家内に相談すると、「あなたが子供のためにやりたいという所に金を使うのは、あなたの好きなようにしてください」ときっぱり言って理解してくれました。

購入した高喜屋のスノーモービル専門店の奥さんが、「うちの主人も最初は道楽だったのですが、その道楽が本業になりました」と笑いながら説明してくれるのです。

子供のために自分ができることを精一杯やりたいと、ワゴン車を買ったりして、一本気な男だとか言われていましたが、私はそういう点では本当に自分の好きなようにさせてもらったと家内に感謝しているのです。自分の好きなことをさせてもらったなぁと思っています。

私が夕食を戴いている料理屋さんが学校の前の道路を挟んですぐ前の魚よしさんです。その魚よしさんのご主人が水泳部の保護者会の会長さんをやっておられました。毎日、スキーの練習が、三時半頃から始めて、練習が終わると六時半頃、後片付けが終わるとだいたい七時頃になるのですが、そのころにコロッケを作ってきてくださるのです。

そのコロッケがおいしくて、毎日毎日、子供たちはコロッケを食べるのが楽しみで、コロッケを食べるとまた元気が出るのか、「先生もうちょっと練習しよう」とか言って、当時は夜間の照明の設備はなかったのですが、教室の三階の電気をつけると学校の裏の土手から滑るコースぶんだけは明るくなるので、三階の電気をつけて土手のところの短い距離を登ったり滑ったりして練習していました。また短い距離なので子供も楽しいものだから、そしておいしいコロッケを戴けるものだから、頑張って練習するのです。子供の頑張る姿をごらんになって会長さんは感激しましたコロッケを持ってきて下さるのです。夜遅くになると寒じてきて雪がサラサラになり、今まで以上にスキーが滑るわけです。子供も調子に乗ってますます気合いを入れて滑るものですから、その姿を見て感動したのでしょう。

遅くまで練習しても、父兄の人たちがみんな迎えに来て頂く等、御支援ご協力をしていただきました。批判するとかそういう方がいなくて有難く、今考えると不思議だったなぁという気持ちもします。

「水泳部黄金時代」

六日町小学校の水泳部の子供たちが、私にないしょで『水泳部黄金時代』というタイトルをつけた文集を作りました。自分たちの書いたものや、保護者の方の原稿も集め作ったものでした。水泳やスキーを通して、私から学んだというようなことがいろいろ書いてあります。水泳やスキー練習で忙しいのに良くこんな文集を作ったものだと思います。

この文集を読むと、六日町での出来事がイキイキと浮かび上がってくるようで、とても懐かしく、当時どんな指導をしていたかがうかがえるので、ここにそのいくつかを紹介します。

《河内先生へのお礼の言葉

桜井亜紀

先生、南魚沼でさえ勝てなかった私達を、今はこんなに立派にしていただいてありがとうご

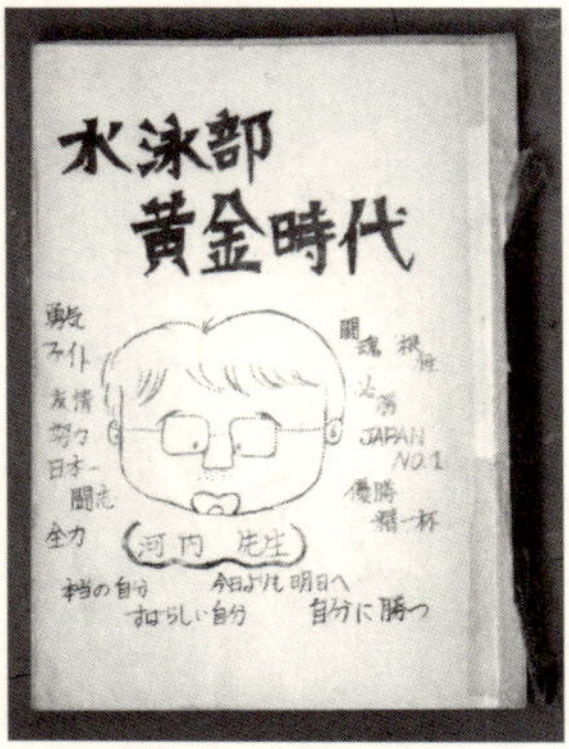

ざいました。ＢＳＮのリレー決勝の時、先生が私達に説教してくれなかったら、一位は危なかったと思います。

河内先生って、不思議な人だなって思います。また、すばらしい人。神様みたいな人だとも思います。

水泳の練習や、スキーの練習は、とても厳しくて、つらくてたまりませんでした。しかし、だれ一人とも弱音をはかずにやってきました。

もし、指導者が河内先生でなかったら、今ごろ、私も水泳部には入部していなかったと思います。

なにかが、河内先生にはあったんですね。何かが。

私が、かぜをひきました。先生は私に、あまり、どなってくれませんでしたね。私は、しかられて、つぶれる人だと思われているのでしょうか。もし、そうだとしても、しかってほしいです。しかられている気分はよくないけど、だけど、風邪をひくということは、チャンネルにあっていなかったことですから、しかられて当然です。しかられて喜ばなければ、いけないのかもしれません。きっと先生は、私をつぶさないようにと、やさしく、いろいろ配慮してくれたのかもしれません。だけど、これからはどんどん、私がまちがっているのを見たら、どなりつけて下さい。強い人間になってみせますから。強い人間になるように、努力します。しかられても、どなりつけられても、決して負けない人間になります。

先生もがんばっているんですよね。大好きなお酒も、大会が終わるまでがまんしてくれましたね。

いつも、朝早くから夜遅くまで、指導して下さいましたね。

先生から学んだこと、今も　はっきり覚えています。

一、心の中に強く思ったことは、努力しだいで必ず実現する。

一、決意したとき、本当の自分が現れる。本当の自分は、ファイトのある自分。やさしい自分。すなおな自分。その力は無限の力を持っている。

一、大会の結果は、ふだんの練習態度が表れる。

一、口に出すことは簡単だが、それを実行することは難しい。

一、心の貯金は、努力の貯金より何倍も貯金される。

一、弱気になったそのときから、もう自分に負けている。

一、自分の力で、いくらがんばっても、生きてはいけない。身の回りの人に協力してもらってはじめて生きていける。常に感謝の気持ちをわすれない。
一、自分にうぬぼれてはいけない。
一、リレーなどは、個人プレーではない。個人プレーだと思ったとき、個人プレーをやったとき必ず負ける。
一、自分がどれだけ水泳にかけたかで勝負は決まる。
一、負けて涙を流すな、勝って涙を流せ。
一、自分が目指していることに自覚をしっかり持つ。
一、人々を敵にしてはいけない。すべての人を味方にしたとき、すべてがうまくいく。
一、ふだんの練習態度が、いくらよくても、常に人間的でなくてはならない。……
こんなことを教えてくださいました。ありがとう、先生。すばらしい、河内先生。日本一の指導者、河内先生。

二年間ありがとう

目黒智也

河内先生、校長先生、二年間本当にありがとうございました。

ぼくは、五年生になったばっかりは陸上部に行こうと思いました。だけど河内先生に、

「水泳に入らないか」

と言われて、いやいやながら入部しました。日曜日は野球で行けずに、月、火、金、土曜日は、ソロバンで行けなかった。けっきょくしっかり行ける日は、二日間しかなかった。そのころは、そんなに水泳にはかけていませんでした。

でも、今はちがいます。ぼく達は、県一位になったんです。県一位の水泳なんです。これはみんな河内先生、校長先生、お父さん、お母さんのおかげだと思っています。

こんなにいい環境にめぐまれていることを、喜び、そして感謝しています。河内先生は、

「ただ、水泳で良い成績をおさめるよりも、感謝することなどを形で表すことが大事だ。」と言っていました。それは、本当のことだったんです。

ぼくは、みんなに守られている幸福を心から感謝したいと思います。先生から、いろいろ学ばせてもらったことは一つ一つ守り、これからもいろいろがんばりたいと思います。

父兄からの言葉

みんなありがとう

根津浩章

こんな熱い思いを感じたのは何年ぶりだろう。

パンパンとはじける爆竹。ヒュルヒュルとあがる花火。あっちこっちでピカピカドンドン。暗やみの中を人影が動く。バスから降りる私達のまわりに、

「おめでとう、ごくろうさん。よくやった。」

と口々に話しながら手をさしのべてくる人達の輪が出来た。都合で長岡まで応援に行けなかった父兄の皆さんが歓迎の花火をあげたのだ。

ほんの二時間ほど前、ＢＳＮ水泳大会を終えて帰りのバスの前で、河内先生の話を聞いた。私は先生に、もっともっとお礼が言いたかった。何か言わなければ、もっと言うことがあるはずだ。そう思いながら胸が熱くなるばかりで言葉が見つからなかった。

先生は言葉少なに、頑張った子供たちをほめてくれた。私達父兄にお礼を言ってくれた。そして、天を仰いだ。先生のほほに流れて光るものを見た。どの父兄もうつむいて何かをこらえていた。子供たちは、先生の顔をまっすぐ見ながら、だれも涙をぬぐおうとしなかった。ハラ

ハラと落ちる涙が、とても美しかった。

みんなよかったね。頑張ってよかったね。一所懸命やって、それがむくいられて涙が流されるなんて。こんなすばらしいことがあるだろうか。

みんな本当にしあわせだ。

目黒君、ありがとう。皆をよくまとめてくれた。郡大会から男子チームのムードがぐんぐん上がっていった。

昨日より今日、今日より明日とまとまっていく男子チームがはっきりと目に見えてきた。ありがとう、君のリーダーシップには脱帽する。そして、お母さんの力。何でもお母さんに話した君のすなおさ。やっぱり君は立派だった。あっぱれだ。

辰也君、ありがとう。本当のところ君があそこまでやってくれるとは、思ってもみなかった。シーズンの初めのころは、立派な体格をしてもっとやれるんじゃないかと歯ぎしりしたこともあった。だんだんと力をつけて、町内大会で一位になったとき、本当にびっくりした。きっと苦しい練習に歯をくいしばって頑張ったんだなと思った。次の日、私が山崎スポーツで君と会った時、「おめでとう」と言ったら、すごくうれしそうにコクとうなずいた。きっとこの後も、頑張ってくれるんだろうなと思った。

幹浩君、ありがとう。五年生のとき、ノルディックの大会でくつが脱げて思うように走れなくて泣いていた君。上越オールシーズンプールでの大会で足をいためて苦しんだ君。もう別人のようだった。よくここまで成長してくれた。頑張ったんだろうね。努力したんだろうね。こんな短期間でこんなにも成長してくれた人を私は知りません。ありがとう。

哲也君、ありがとう。君は新人のめんどうをよく見てくれました。君達と新人とでは、実力も水泳にかける心構えもまるでちがいます。同じプールで練習をして何の問題もおこさず、チームワークをみだすことなくスムーズにいったのは、ひとえに君のおかげだと思います。同じ練習をして、同じ苦しい思いをして、チームメイトより賞状は少なかったかもしれません。でも君の力はやっぱり新潟一位の水泳チームの一員としてほめたたえられるものがあると思います。

矢沢君、ツーちゃん、ありがとう。水泳部の中で一番苦しい思いをしたのは君だったと思います。君には、責任感がありすぎるから、そして、やさしいから、その上ガッツもあるから、すごく苦しんだんだろうと思います。人間として必用な大切な心を持っています。河内先生の話を一番先に理解できるのは、君ではないかと思います。ありがとう。君と知り合えて私は幸運だったと思っています。君からおそわったことがいくつもありました。

タカマ、ありがとう。君が無口なように私も君に言うことがありません。そのまま大きくなってほしい。苦しくても、だまっている。つらくてもだまっている。やさしそうなその目が胸の内を充分伝えてくれます。君に一番感謝するのは、すばらしいご両親と知り合いになれたことです。君のようにやっぱり無口で思いやりがあって。ありがとう、桐生さんご夫妻。ばんざい。

太田君、ありがとう。頑張ったね。皆についていくのが大変だったろうと思う。スポーツマンの君だから途中からの入部はくやまれてなりません。いつもほがらかで、ムードを盛り上げてくれました。もっと早く知り合いになりたかった。今からも頑張ってください。

宮川君、吉田君、津山君、山本君、今井君、その他新人の水泳部の君達、ありがとう。君達が練習している姿を見るのが、私の楽しみでした。私の明日への活力でした。こんなに頑張っている。こんなに苦しんでいる。こんなに楽しそうだ。こんなにうれしそうだ。みんなすばらしい。すばらしい明日をくれてみんなありがとう。

真由美ちゃん、ヒロカ、ありがとう。尚子ちゃん、ノンちゃん、亜紀ありがとう。ヒロミちゃん、シゲ、アッちゃん、ありがとう。ユミちゃん、アッコ、タケバ、ありがとう。岡村さん、江口さん、ありがとう。

みんな一所懸命だった。明るかった。楽しそうだった。水泳をやっている時は他の事はすべて忘れていたね。いつか高野つとむ君が練習に来てくれたね。うれしかった。全中の大会に出る選手が皆のことをほめてくれた。

ムードが明るい、礼儀正しい、美人ばっかり、あのことは忘れない。竹端が転校して行くあのさびしさも忘れない。思い出がいっぱい。頑張ったから忘れない。ピアノでバレエでソロバンで、こんなに皆の心が一つになる思いを味わえただろうか。よかったね、水泳をやって、体力の限界に挑戦した者だけが知っている充実感を味わえて本当に幸せだ。君達がうらやましい。おじさんも水泳部に入りたい、皆と一緒に泳ぎたい。

ありがとう、みんな。

ありがとう、父兄の皆さん。

校長先生、河内先生、ありがとう。

こんな熱い思いを私にくれてみんなみんなありがとう。》

最初に紹介した桜井亜紀さんはとてもしっかりしている子で、卒業式の前の日に校長室に行って、校長先生にお礼の言葉を言わせて下さいと言って、その西野大校長先生の前で、墨で書いてきた手紙を自分で堂々と読んだというのです。

そのことは私は知らなかったのですが、あとの卒業祝賀会の時、お酒を戴いた席で校長先生が私に聞かせてくれました。西野先生は非常に怖い先生というか、厳しい先生で、ちょっと怠けていたら一喝されるというような、そういう先生でしたが、その西野先生が最敬礼して聞いたと、

「俺は、教員生活の中で一番うれしかったのは、亜紀が卒業式の前の日に来て、読んでくれた、それが一番うれしかった」と話されたのです。

めったに、良かったとかそういうことは言わない先生で、私にも、よくやったなどとは絶対言わない方で、まあ、叱らなければよくやったってことなんだろうと思っていました。

私は、西野先生にこんなに喜んでもらえたということは、私も先生のところへ来て良かった。今まで先生を追いかけていたが一度も一緒に勤められなかった。最後にお仕え出来て良かったなぁ、六日町に来た甲斐があったなぁと実感したのでした。

先生は学校スキー研究会の中越の会長をしておられました。先生がお亡くなりになって、学校スキー研の機関誌に、西野先生の追悼のことばを書いてくれと言われ、そのときの話を思い出して、

「俺は、教員生活の中で一番うれしかったのは、亜紀が卒業式の前の日に来て、読んでくれた、それが一番うれしかった」と話された事を書いたのでした。西野先生が喜んでくれたのは、たった一つ、これしかなかったなぁと、本当にいつも厳しく、ボヤッとしていたら一喝食らわされ目を覚まさせていただいたものです。

こんな厳しい先生は今はどこにもいません。しかし、子供には本当に優しい先生でした。子供のタイムや部活での活躍をみんな知っておられて、常に子供を励ましておられました。西野先生のご冥福をお祈り致します。

「いくら河内でも無理だよなぁ」

西野先生も、六日町小学校で退職されました。私も今まで西野先生に頼りっぱなしでしたが、今度は私を引っ張ってくれる人がいないと思い、どこの学校へいこうかなぁと思っていたのです。すると六日町小の研究会の時に、上組小学校の教頭先生が研究会に来て、

「おい、あんた今度どこいくつもりだ、長岡へ帰ってくるつもりだろう」と言われるから、

「はい」

「どこ行こうと思ってるの。うちの学校にこないか」という話になり、

「先生、お願いします。」「本当かい。」「はい、是非先生の学校へ行きたい」

「本当に上組でいいのか」

「先生、上組なら、私が水泳をするきっかけを作ってくれたのが上組なんだから、私は密かに、出来たら最後は上組へ行きたいと思っていました」

「よし、じゃあ俺、校長に話すから」そんな話になりました。

すると、運良く春の異動で上組小学校に行くことになったのです。

富曽亀小学校の時代は上組は私のライバル校でありました。上組水泳部の保護者の人には「河内の顔を見るのもいやだ」と言われていたものでした。そんなことで上組に行くと、何かバツの悪い思いをするのでは等と思ったのですが、上組水泳部の保護者会が私を快く迎えてくれたことを喜んでいました。

その音頭を取ってくれたのが、棚部さん（仮名）です。上組小学校水泳部は歴代の水泳部の役員をしていられた人たちが集まる上組水泳部ＯＢ会を持っていたのです。さすがだなと思いました。当時の上組小学校の水泳部の部長さんが棚部さんで、私が富曽亀小学校にいたとき棚部さんの子供さんは平泳ぎの強い選手でした。富曽亀の最高に強い選手、阿波さんと常に平泳ぎで優勝を競い合っていたのです。その棚部さんの妹さんがこの年、上組小学校の六年生にいたのです。昔ライバルであった河内が来たと言うことで、上組にもう一度黄金時代を取り戻そうと、歴代の役員のＯＢ会の方を呼んで私を紹介して下さったのです。

「今度は上組小学校のために全力を尽くさせて頂きます。」と申し述べ、水泳部への協力をお願いしたのでした。その中にはかつて私が富曽亀小学校にいたときのライバルの父兄の方も数名おられました。

「顔を見るのもいやなあなたが来てくれて嬉しい」と逆に言って頂きました。最初から保護者会の素晴らしいバックアップを得てスタートを切りました。

一年目は優秀の選手が沢山いましたので、楽にＢＳＮの大会を勝たせて頂きました。スイミングの育成の選手が男女あわせて八名おりました。スイミングの選手達でありましたが、上組の水泳部の練習で充分ということでスイミングには誰も行かなかったのです。でもスイミングの授業料は全員が払っていたのでした。上組を卒業したとき中学でまた水泳をするということでスイミングの会員としてお金を払っていたのでした。八名もいましたのでもちろん男女ともリレーで市内大会、県大会とも楽に優勝しました。

私は今までほとんど六年生の中からリレーの選手を選んでいました。五年生の中に速い子がいるので、五年生を使えばいいんだけれども、六年生を立ててというか、中心にして、どの子の中にも可能性があるはずだからということで、六年生で勝負してきていたのです。

ＢＳＮの水泳が終わったときです。来年の男子はいくら河内でも勝つことは出来ないだろうと言うのです。

その年の子供たちの五年の男の子がみな肥満児でした。たった一人だけ、体がきく器用な選手がおりました。何でも運動が出来るという子が一人いて、あとの子はみんな肥満児で、運動が大っ嫌いな子三人でした。それで、いくら河内でも来年は勝てないだろうと言うのです。

「今年は楽に勝ったけれども、来年はいくら河内でも勝たせるのは無理だよなぁ、来年はもう上組の水泳部も終わりだ」そういうようなことを父兄の人たち同士で言っているのです。

「いや、そんなことはない」と、そう私は思いながらも、不安がいっぱいでした。

それにもまして、私が一番いやだったのは、子供に言われることです。

「先生、何時も自分たちの中には素晴らしい力が入ってるって言ったよね、僕達の中にも入ってるよね」、このことを言われるのが私には大変辛かったのです。私が、子供たちに素晴らしい力があるからガンバレと言うのなら分かるんだけれど、子供の方から、

「先生、僕達にも素晴らしい力があるから、大丈夫だよね」とその肥満児の一番運動が苦手な子が私に向かって言うのです。

「だから大丈夫だよね」と言う。でも、

「そう言うのだったらもっとまじめに練習をやれ、練習をしっかりしてくれ」と言いたくなる、

そういう感じだったのです。

子供は口先だけでなく、本当に僕たちにやれば出来る力があると信じて練習してくれたのでしょう。私には何かつい、逆に本当に自分を信じているならしっかり練習しろよなと言う感じで子供を責める立場になっていたと思うのです。

しかし、これではいけない、どの子の中にも素晴らしい力が宿っているんだ。自分から「素晴らしい力があるんだよね」などと言ってくれる子は素晴らしいじゃないか、立派な子だ、やはりどの子の中にも素晴らしい力が宿っているんだと自分に言い聞かせ、練習を重ねました。

落とし穴

上組小学校に来て二年目の時です。上組小学校水泳部でのビニールハウスで本格的に練習を開始した頃です。

全国版のスポーツ新聞に、

「名コーチ河内コーチ上組にきたる」という、大きなタイトルで新聞に書かれたのです。

それが一年目に新聞が取材に来てくれればまだ良かったのですが、一年目のBSNで活躍選手が卒業して一番選手層が薄く弱体だと言われていた年に取材に来られたのです。「いくら河内でも無理だよなぁ」と言われていた時のことでした。スポーツ新聞が取材に来て、次のように書いていていました。

《外は寒いよ、ハウスから飛び出した選手が口々に叫ぶ。プール内の支柱にビニールをかけた温室プール内は30度以上の真夏日。汗にまみれながら50人のちびっ子を親切に指導するのは河内千明先生。実は10年前に富曽亀小学校に赴任、3年間で県No.1の上組小学校と肩を並べるまでに育て上げて話題を呼んだ。六日町小学校3年経過後上組小学校に赴任、今度は前任の富曽亀小学校をライバルとする皮肉な巡り合わせと言わざるを得ない。》

こんな風に書かれてしまいました。

《皮肉な巡り合わせ》など、記事というのは無責任なものです。私にとってはむしろ、私の水泳指導をするきっかけを作ってくれたのが上組小学校であり、私の心に無限力を自覚させてくれたのが上組小学校なのです。私が今まで見たことの無かったバタフライを上組の子供たちが私の目の前でスイスイ泳ぐ姿に感動し、子供に宿る無限力を実感したのでした。

子供に内在する無限力について研修して来ても、子供たちの現実を見て、子供に無限力があるなど信じられなくなっていたとき、上組小学校の水泳部の子が、私の目の前で素晴らしい泳ぎを見せてくれ、〝私を覚醒させてくれた〟のが上組小学校の子供たちなのでした。

だから、私は素直に、水泳で上組小学校にできるものなら恩返しをしようと上組に来たつもりでもありました。そんなことを書かれ、さらに新聞には、《上組小学校はエースが卒業して手薄になったチーム》とも書かれてしまっているのでした。

しかし、見出しには、

《上組小学校の水泳部黄金時代の復活か》とも書かれていたのです。

その時五年生の野口愛さんただ一人が県でトップをとれる可能性のある有力選手でありました。当然県のチャンピオンにしていい選手でした。野口愛さんが有望視と公表され、プレッシャーが私の所に来たのです。これだけ書かれたからには何が何でも勝たせなければいけない、こう思ってしまったのです。ココに大きな落とし穴があったのです。

子供と水泳を無心に楽しんで子供を伸ばしている時はいいのですが、勝ちを前提に指導に入ってしまうと、子供の実態から離れた指導になってしまうのです。子供に宿る本来の無限力を逆手にとって、もっと力があるはずだと指導し練習を強制してしまうのです。

私はこの時まさに子供に逆手を取られてしまいました。君たちには素晴らしい力があると指導してきたのが、

「先生僕たちにも素晴らしい力があるよね。だから、大丈夫だよね」と言われてきたのでした。

私は思わず下向き加減になってしまうのでした。そして、思い出したように「大丈夫だよ」と言うのが精一杯だったのです。今までの自信に満ちた言葉と違うのでした。

残念ながら優勝候補の愛さんを、私が力んだために優勝させられませんでした。二位になってしまったのです。彼女には誠に申し訳ないことであったと反省しました。

さて、男子のチームというと、まだ、まったく磨かれていない選手の集団でした。

男子リレーの選手の中には運動の得意な選手が一人いましたが、他の三人は運動嫌いで一般に肥満児という子供たちでした。私は、今まで子供たちに一人ひとりの中に無限力が宿っているからと訴えていたのですが、この子供たちには逆に、

「先生僕たちにも無限力があるんだから絶対勝てるよね。」逆に言われてしまっていたのです。このときの情けなさは、ことばに言い表せない空しさです。

「そうだよ、勝てるよ、必ず強くなるよ」このことばに自分でも驚くほど、自信がないのです。私が、子供に無限力があると私自身の信念として思い直そうとすると、僕たちにも素晴らしい力があるよね、強くなれるよね、と言われてしまうのです。

私の、どの子も勝てる、この信念が揺らぎ、例外があるのも当然とも思いそうになるのでした。そんな弱気になっていたところに、そこに、

《名コーチ河内来る。上組小学校名門水泳部復活か》と書かれてしまったのです。

〈意地でも勝たさなければメンツがつぶれてしまう。〉こんな気持ちになってしまったのです。こんな気持ちで指導するときは、子供は力を発揮するはずが無いことは、百も承知の私が、そのジレンマに落ちていくのでした。強くしなければ、勝たさなければ、この子供たちを私の力

でなんとかしなければ……。

私自身が自由な発想が出来ず、子供をやる気にさせる練習から絞る練習へと変わってしまうのです。この気持ちを立て直すのに、大変な時間を要してしまうのでした。

悪戦苦闘しながらも、私が少しずつ自信を持ち始めた頃から、選手がのびてきました。時間がかかりました。いつもの二倍くらいかかりました。

まったくバタフライが出来ない子。また、ある種目しか出来ない子。このようなリレー選手の実態であったのです。今までいつも全選手に四種目の泳法で泳げるように指導するのが私の方針でしたが、この年は四種目をこなせるようにするのはやめて、その子のもっとも得意とする種目を練習するように練習体制をかえました。子供の希望する種目を中心に泳がせるのです。

三人の肥満児たちは、それぞれに努力をしました。

まず、バタフライがまったく出来ない子が、学童大会をきっかけに急に強くなりました。ただ、バタフライがやっと出来るようになったばかりでゴールタッチがキチンと出来るというところまで指導が追いついていかないのでした。

彼は一位でゴールしたのですが、そのころ両手を同時に水平にタッチしないと失格という水平ゴールタッチが出来ずに失格したのです。すると、或るお母さんが彼の所に猛然とやってき

て、

「素晴らしい。タケシちゃん、最高よ。あなたは失格だけれどおばさんは誰がなんと言おうとあなたを一位と認めるよ！」すごい勢いで彼に話していました。無口な彼は無表情でそれを聞いているのでした。彼が運動苦手で水泳も苦手中の苦手としていたことを知っていた方だから、その成長ぶりに興奮して言ったのだろうと思います。そんな声援にも彼は育てられました。

市の学童大会が終えてから、彼はバタフライに自信を持って泳げるようになりました。もともと背が高い方でした。一六二センチくらいありました。彼はその身長を生かして泳げるようになってきたのです。こうして、一人バタフライの選手が育ってきました。

もう一人、この子も背は高いのですが運動は嫌いな方で肥満傾向の子供でした。器用さが無く不器用なタイプの子でした。背泳ぎのキックがいいので背泳ぎのみをやらせました。するとクロールで泳いでいるときは目立たないのですが、背泳ぎで泳ぐと早く泳げるようになり、先頭グループで泳ぐようになるのです。そうしているうちに背泳ぎでは一番速くなりました。こうして背泳ぎの選手が育ってきました。

もう一人の選手、この選手も身長だけは大きい子でした。運動をあまりしない子で太っていたという子供だったので、運動をするようになり距離をこなせて泳げるようになると、だんだんスマートになってきて体が締まってきました。すると、彼はクロールの選手として大きいストロークを生かした泳ぎが出来るようになりました。

彼も八月の親善水泳大会で入賞し、自信を持ち始め、体が引き締まってきて、親善水泳大会後の二週間でグンと力をつけました。

これにもう一人の運動が器用な子は何でも出来るので、残りの種目、平泳ぎをやってもらうことにしました。その結果ＢＳＮの県大会でリレー、メドレーリレーでそれぞれ二位三位を取ることが出来たのでした。

水泳シーズンの最後の最後になってようやく実力を発揮し、県で立派に戦う選手達になったのです。本当に不安だったのですが、その子供たちが、頑張り、優勝というところまではいかなくとも、二位になってくれました。

肥満だった三人はスマートになり高校に行っても頑張ってくれ、国体選手になって、新潟県のために頑張ってくれました。水泳は全然苦手な子だった背泳の志田君は、高校で〝新潟県のバックの志田〟と言われるくらいの強い選手になってくれました。

上組では、このように運動が苦手な子や肥満の子供を指導するという勉強をしなければならないよう運命づけられていたように思います。

正直なところ私も今年の子は無理かと何度も思い、挫折しそうになったことがあったのです。〈いやどの子にも素晴らしい力があるはずだ〉と、自分に檄《げき》をとばし指導した年でした。水泳部の保護者の方も本当に喜んでくれました。

自分を振りかえって見ると、それぞれの学校で違った勉強をさせていただいたのだと思います。下条小学校は学校の優秀な選手の集団であり、学校のエースが集まって活動する部活でした。県大会ではじめて優勝させ、日本一位の表彰をさせて頂いた時代でした。

次の富曽亀の時代は、優秀な選手の集団と、全父兄の絶大なる協力を得て思うように自由に活動できた年でした。この時代は常に全国大会をねらう時代であり、私が自由に好きなように活動できた水泳指導の最盛期でした。ジュニアオリンピックに五年連続してリレーで出場権を獲得した事は私の誇りです。

次の学校は、六日町小学校の時代で、肥満の女の子との挑戦、校務分掌が多くなり主任をいくつもこなさなければならない時間的制約の時代。また、その上水泳部の六年生を五ヵ月で県のトップにする事を義務づけられた時代でした。

そして、最後の上組小学校の時代は、肥満の子、体育が嫌い、運動嫌いな男の子、身体が部分的に麻痺している子、体が自由に動けない子とのかかわりを学びながら指導に当たらなければならない時代でした。

私は、このようないろんな課題を、自分の能力に応じて与えられた運のいい男でした。この順番に私が経験しなかったなら十五年に亘る水泳の監督は出来なかったと思います。その子供との真剣な活動の中で子供の無限力について挑戦させられたのです。決して、同じ条件の中での活動はさせてもらえませんでした。

小学校の水泳の監督を新潟県の強化コーチに入れろというので、私は県の水泳協会の役員になったのですが、その選ばれた理由は、きっと河内は選手をひっぱってくる、選手を見ぬく力があるんだということらしいのです。河内は選手を自分のチームにひっぱってくる事がうまいということでした。強化会議の時です。私は水泳協会の会長さんがおられる席で、そのことを聞かれました。どういう選手を水泳部に入れるのか、どんな選手が強くなるのかということでした。

私は唖然としました。私は選手を他の学校からひっぱってくる、他の部活動からひっぱってくる、そんなことをしたことはありません。

「私はただ私のチームに入ってきた選手で県大会を勝ち抜いてきました」と申し上げたのでありました。

十五年間、私のチームに来たほとんどの選手は市内大会で入賞する選手になっていました。強い選手を強くするのでなく、どの子も強くする、これが河内のやり方でした。長岡市の学童水泳大会は大変レベルが高かったのです。長岡で四位くらいになると県でも必ず入賞するというハイレベルでした。

そのレベルの高い長岡でも、富曽亀小学校の子は、四年、五年で入賞出来なくても必ず六年生の時にはリレーの選手になり、リレーのBチームでも三位四位に入っていました。個人種目では全員がどの子も入賞していました。県での水泳のトップの座を守るという水泳の仕事を通して、子供の無限の可能性に挑戦させて頂いたのであります。

私が十五年間にわたって水泳指導をしなければならない運命みたいなものがあったように思えるのです。

新聞に華々しく書かれた年は、私はついに優勝を逃がしてしまったのです。女子が二位、男子が三位でした。しかし、選手がいない、いくら河内でも無理と言われたチームも、県でリレー、メドレーリレーで男女とも三位以内に入賞してくれました。

私が新聞に書かれ何が何でも優勝させる、こんな気持ちにさせられた一年間であったのです。

私にとって大きな勉強をさせられた一年でした。

南蛮山にＵＦＯが出る

上組小学校でも冬はスキーのトレーニングを行っていました。

スキーのトレーニングと言って思い出すのは、いろんな事をしたことです。

まず、第一は、グラウンドにビニールシートを敷いてそこに洗剤をまいて滑りやすくし、スキーの練習をしました。古いスキーを履いて雪が降る前から練習するためでした。滑らない所での練習は子供たちに初雪での練習を心待ちにさせ、雪の上でのスキーの素晴らしさを感じさせてくれるのでした。

子供たちに、明日スキーの練習をするから古いスキーを持ってこいと言ったら、子供たちは目を丸くしてビックリしていたことを思い出します。

グラウンドにビニールシートを敷きスキーで踏み固めるとスキーで踏んだところが少し低くなるのです。そこに水をまいてそのあと洗剤をまくのです。

この練習は水道が近くにあるところか、小川がそばに流れているところでないとうまくいかず、水道水をどんどん使うのも良心がとがめ長続きしませんでした。

第二には、プールサイドにビニールシートを敷いてバケツでプールの水を汲んでそこに洗剤をまいてプールサイドをぐるぐる回る練習もしました。これはスケーティングをしても良いと言ってさせました。プールのコーナーではステップターンをさせました。ダイアゴナル（交互滑走）もさせました。プールに水がたっぷりあるので洗剤だけが必要でした。使わなくなった古いスキーが地下室に眠っていたのでそのスキーを使いました。

第三は、スリッパを持ってこさせて、スリッパでスケートのようにして学校の廊下を滑るのでした。スキーの交互滑走の練習をさせたり、スキーの踏みつけを意識する練習。手の振りを意識させる練習としては有効でした。何よりも手軽で手間もかからず雨の日に廊下で練習するには好都合でした。子供も喜んで練習していました。

第四には、雪が無くてもストックを持って走ったり、ストックで走り山を登ったりと、いろんな練習をしました。ストックを持って走るのは心肺機能を向上させたと思います。重いストックをしっかり土にさして推進力とする。腕の強化、足腰のバランス等の練習になったと思います。

晴れた日、山にストックを持っていき山を走る楽しさはまた、何とも言えないものがありました。自然が私たちを温かく迎えてくれました。

初雪の降り始めは町には雪がないので、雪を求めて土曜日、日曜日は山に行くのです。わずかな道路の雪を求めて練習しました。

十二月の後半になると、上組小学校から車で三十分くらいのところに行くと雪があるのでした。そこは農業高校の牧草地で、少し雪が降ると練習でき、その牧草地でたびたび練習をしました。初雪が降る十二月頃は日暮れが早く四時三十分をすぎると真っ暗になる。授業を終えて山に着くともう日が暮れる。そこで発電機を二台購入して二百ワットの電気を五個つけて練習しました。農業高校の牧草地の電柱にライトをつけて六時頃まで練習するのです。

韮沢さんという熱心な父兄がおられて、ライトをセットしておいて、私たちを迎えに来てくれるのです。少しぐらいの小雨でも練習しました。せっかくライトをつけてまで準備をしていてくれるので、行かないわけにはいかなかったのです。子供たちも喜んでライトをつけての練習を楽しんでいました。

コースを踏み固めるためスノーモービルで山を登ったり降りたりします。町から見る人にとって灯りが走って消えたりついたりするので、南蛮山にＵＦＯが出ると見えたらしいのです。

スノーモービルのライトが山道のカーブを登ったり降りたりするものだから、町から見る人にはＵＦＯに見えたというのです。みんなの噂が広がり南蛮山にＵＦＯが出ると言うことになったらしいです。おもしろいエピソードでした。

雪が降らないと南蛮山をどんどん登って雪を求めて練習するのです。日陰の北向きの斜面は雪が残っているのですが南向きの斜面は雪が消えるのです。そこにせっかくコースをつけてもジープや四輪駆動車でコースを荒らされるので、バリケードを築いたりして練習しました。山の道は下りの練習や登りの練習が出来、子供たちは山に行くことをとても喜んでいました。

今日はサシで飲もう

私もいよいよ今年あたりが最後の水泳になるのではと予感しながらも、校長先生の所にお願いに行くのでした。

それは、上組の温室プールに水温を上げるための装置をつけて欲しいということでした。水泳部の保護者の中に新和冷熱の社長さんがおられました。水泳部で一杯飲んだときです。さらに強くするには環境を整えようと言うことで、ボイラーを二機取り付けようということになりました。一台は水泳部で、もう一台は私が出すということになったのです。1度上げるのにどの位の経費がかかるか、その重油代はどうするか、どこに取り付け、どこにタンクを置くか、維持費をどうするか、水泳部の役員会で相談しました。そこで、この結果を持って私が校長先生に相談に行くことになりました。

校長室に行くと、校長先生はニコニコして迎えてくれました。話が途中まで進んだ頃、校長

先生が、

「わかった。その前に先生に聞いてみたいことがある」と言われるのです。

「あなたは一生水泳部の監督でいるのか、それとも、少しでも管理職に未練を感じているのか」と言うことだったのです。私は返事に詰まってしまいました。そんな事を本気に考えたことがなかったからです。すると、校長先生は、

「今日はサシで飲もう。ＰＴＡ会長の『ニューやまや』で六時半から飲もう」と言うことになったのです。「必ず来るように」話は終わりました。私は、六時半に『ニューやまや』に行きました。

「どうだ、あなたが一生水泳の監督を続けたいというなら、あなたの希望を叶えてあげよう。しかし、少しでもあなたに管理職の考えも頭にあるなら考え直して欲しい。全校のバランスというものがある。水泳部のみが突出してはいけない。あなたの後任は組織でしっかり候補者を考えてある。あなたももう年だし、いつまでも水泳を続けるのもどうだろうか。」

ビシッと言われました。また、私のことを本気で心配してこのような席を用意してまで私のことを考えてくれたこと、校長先生の普段の人柄、大きな愛情を感じました。

私もそろそろ水泳も今年で最後にしようかなと考え、最後の尽力としてボイラーを取り付け

ようと考えていました。

すると、「水泳部の役員の方にも相談してから、そのあと、私の所に返事をよこしなさい」と、心憎いまでに私を思いやって下さる校長先生の配慮がありました。

さらに、「実は」と切り出すのです。

「私は、上組の創立百周年行事でプールハウスを建設し直そうと思っている」と言って下さったのです。水泳の伝統をもつ上組を大切にする先生の配慮でした。ＰＴＡ役員と業者で見積もらせ図面も出来ているということでした。私個人はそこまで考えて下さっている先生に何も言うことはありませんでした。

「今のプールハウスでは、あと何年も持たないだろう。安全管理から言っても心配だ。この際もっと立派な水温も上がるプールハウスに建て替えようと思っている」と言われる、どこまでも先のことを考えて下さった校長先生に頭が下がる思いでした。

「今日は水泳の事を忘れてゆっくり飲もう」と言って下さるのです。先生も体の調子が良くなかったのですが、私につきあって下さったのでした。

そのあと先生も体調をこわされて入院することになったのです。先生に心労を与えてしまった私たちを、叱ることもなく見守って下さった偉大な校長先生に心より敬意を表する次第です。

小児麻痺を乗り越えた女の子

上組小学校の水泳部に軽度の小児麻痺の子が一人いました。まったく泳ぐことが出来ないその子が、どうして水泳部に入ってきたのか私はわからなかったのです。私がどの子にも素晴らしい力が宿っているということを話していることを聞き付けて水泳部に入ってきたのか？　理由はわかりませんでした。

その子は水を怖がらないのです。そして、浮くことは出来るのです。しかし、浮いたら自分の力で立つことが出来ない子でした。人に手助けしてもらわなければ立てず、おぼれてしまうのです。浮いてケノビの姿勢から、手を下にやって水を押し顔を浮かせて足で立つということができないのです。

手を上に上げる事が出来ないのです。ちょうど五十肩の人が腕が上がらないような状態なのです。腕を回すことが出来ません。肩の高さから下にならら動くのです。それでは水に浮けても

足で立つと言うことが出来ないのです。

それでも、お母さんが一所懸命の方でした。私も、あなたは水泳部はだめと言うわけにもいかないので、一緒に練習をすることにしたのです。

彼女は、顔を伏せると起きあがることができないので、上を向けば手を下にやる動作が若干できる。私は背泳ぎしかないと考えました。手を下にやり体のわきで、スカーリング（手で水をかく動作）をさせる。足で前進するようにさせ、足のキックと手で進行方向をコントロールして泳がせようと考えたのです。

それでお母さんに、スポーツ店から救命具を買ってきてもらって、それを体に巻き付けて、竿にロープをつけて救命道具に結びつけ、私がプールサイドを魚釣りをするように歩きながら練習するというわけです。私が竿でつるすので引っ張られて泳ぐのです。

こんな練習を繰り返し、繰り返ししておりました。

十月をすぎると学校のプールでは水泳の練習が出来ません。

長岡市の水泳をやっている子全員が長岡の文化センタープール

というところで合同練習をするのです。そうすると、コースが空いていると思ってそこで練習をしていても、他の選手がどんどん泳いで来て、一コースに二十人ぐらいが入って泳ぐような状態です。そうすると彼女が来ると邪魔になる。それで、「こないでくれ。先生がその子にずっとついておられない時はこないでくれ」などと言われるような状態だったのです。

そんなことを言われながらも、彼女は練習に来ていました。竿とロープと救命具を使って練習を続けていたのです。そういう練習を続けていると、だんだん背泳ぎの姿勢でキックして進めるようになりました。そうして、救命具をはずしても背泳ぎが出来るようになりました。

七月の後半頃から、かなり泳げるようになり、背泳ぎで自分でプールに立つことも出来るようにもなりました。手も少しずつ使えるようになり背泳ぎに近い状態で泳げるようになりました。

それで、長岡の親善学童水泳大会に背泳ぎで出場しました。遅い方のグループだったのですが、九人いる中で四位になりました。五十メートルの深いプールで最後までしっかり泳いだのです。長岡市の水泳をしている選手や、応援している保護者の方は彼女のことを知っていましたので、彼女がゴールすると特別大きな拍手が湧きあがったのでした。

彼女は水泳が出来るようになり、自信を持ち、他のスポーツにも挑戦するようになりました。今はもう、二十五、六歳だと思うのですけれども、この前会った時、

「今なにしてるの?」と聞いたら、

「テニスをやっている」というのです。歩くことも大変だったのに、テニスなんてどうしてできるのかなぁと思ったものです。

テニスもはじめは全然だめだったけれども、コーチの方から親切丁寧に教えてもらって、だいぶうまくなって、テニスの同好会に入って頑張っていると聞いてびっくりしたのでした。

顔も洗えない子が

私が三年生の水泳の授業を見にプールに行ったときでした。二人の女の子がいました。ニコニコしていたので、「どうしたの」と言ったら見学だというのです。

あとで担任に話を聞いたら、今まで一度もプールに入ったことがない。泳いだことがない。「いやもう、顔をプールにつけることも、シャワーを浴びることもできない、顔を洗うこともできない。もうプールに入るのを怖がるから、どうしようもないので、教室で自習させてるんです」水泳の時はいつも見学と言うことでした。どういう生活をしてきたのかというと、毎日お家の人がタオルで顔を洗ってくれた、頭もシャンプーハットとかいうのを使って洗ってもらっていて、自分で顔を洗ったことがないのです。

「エー、どうなっているの」思わず言ってしまいました。

そこで、夏休みに五日間水泳協会の人を頼んでの水泳指導があります。私も水泳協会の人間ですので、私がその子を担当しようということになり、家庭に連絡しました。

夏休みになりました。その二人の子たちが水泳教室に申し込んでくれたので、私がその二人を担当して始まったのです。水泳協会の人との挨拶が終わると、泳ぐクラス毎に分かれて練習が始まります。二人の所に行くともう水着に着替えて、バスタオル、水中めがねをして泳ぐ準備をしていました。

私は「良く来たね。偉いね。先生と一緒に頑張ろうね。サア理科室に行こう」と言いました。

子供は泳がせられるのでなくてほっとしている反面、何故理科室に行くのだろうというような顔をしていました。

理科室に行くと大きな机があります。「その机の上に坐りなさい」。バスタオルと、めがねを持って机の上に正座しました。私はブルーの洗濯用の大きなプラスチックのたらいを、二人の正座している机の上に置きました。

「では、今日からまず顔を水につける練習から始めよう」と言いました。

理科室兼家庭科室ですので、そこにはリットル升とか50ccのビーカーがあります。私は50ccのビーカーを二つもって二人の前に置きました。そして、ビーカーに半分ほど水を入れて、「顔をつけられるか練習しようね」と言いながら、大きなブルーのたらいの中に入れました。

たらいの底が少しぬれるくらいでした。

「サア、鼻を水につけられるかな」と言ったら、

「大丈夫」というのです。

「ほんと？　勇気を出して鼻を水に触れてごらん」「ウン」と言いながらほとんど水が入っていないたらいの底にある少しぬれている所に顔をつけました。すると、鼻をぬらしたかと思うと目を閉じて顔を上げ、すぐバスタオルを取り上げて顔を拭くのです。私はすぐ、

「すごい、顔を水につけられたね、怖くない？」と言うと、

「怖くない」と言うのです。

「すごい！」私はすぐにもう一人の子供にも、

「出来る？」と言ったら
「出来る」と言って顔を水につけるのです。

その子も、すぐバスタオルで何度も何度も顔を拭くのでした。

「怖くない？」と聞くと
「怖くない」と言いました。私は、それを聞いてすぐ、メダカの水槽に飛んでいきました。

「メダカさん、メダカさん、カヨちゃんとタマちゃんすごいんだよ。勇気を出して水に顔をつ

けたんだよ。すごいよ。」そして、また、

「メダカさん、メダカさん、カヨちゃんとタマちゃんすごいんだよ。勇気を出して水に顔をつけたんだよ。すごいでしょ。」これを繰りかえし言うのです。二人は私の仕草《しぐさ》がおもしろいと顔を見合わせながら笑っているのです。私は二人を見て、

「すごい！」と、オーバーに言うのでした。

そして、

「もう一杯出来る？」と、50ccのビーカーに水を入れます。すると、ちょっと顔をしかめているのです。たらいにまたビーカーの水をこぼすと、それを見て、

「出来る」というのです。

「そう、すごいね。やってごらん。」二人は顔を見合わせながら水に鼻をつけるのです。

「スゴーイヤッター！」私はすかさず、鴨《かも》の剥製《はくせい》に向かって、

「鴨さん鴨さんすごいよ、二人ともまた出来たんだよ。コップ二杯の水も怖がらずに顔を水につけたんだよ。スゴーイスゴーイ！」

「鴨さん鴨さんすごいでしょ、褒めて！」とすかさず話すのです。

子供たちはけらけら笑って、先生もう一杯というのです。私はまた、鴨さんに向かって言う

のです。

「鴨さん鴨さん、スゴーイ！　三杯目に挑戦するんだってスゴーイ。スゴーイね鴨さん、偉いよね」と、鴨さんに話しかけるのです。

子供たちは嬉しそうにもう一杯もう一杯と言うのです。

そして、もっと大きいビーカー、

「一リットル升でいい」というのです。私はすぐ、鴨さんに報告です。

「鴨さん鴨さん、すごいよ一リットル升でいいんだって、すごいね、こんなに大きい升に水を入れてもいいんだって。すごいよね。勇気を出したんだね。」このように、その都度《つど》私は、今のことばを繰り返すのです。

陳列棚《ちんれつだな》にはアカベコがおいてありました。そこで、

「アカベコさん、アカベコさん、すごいよほっぺまで水をつけられるようになったんだよ。すごいでしょ、えらいね」とメダカ、鴨、アカベコにつぎつぎと報告するのです。

「メダカさんメダカさん目まで水につけられるようになったんだよ、怖いのを我慢してつけられるようになったんだよ。すごいよね。よく勇気を出したよね。えらいよね。」と言うのです。

その間子供は笑いながら顔をバスタオルで一所懸命拭いているのでした。

このようなことを四日間連続やりました。四日目、たらいに一杯水を入れた中に、とうとう顔を全部もぐらせるようになりました。

「メダカさんメダカさんすごいよ。よくやったね。二人とももう顔を水の中に入れても怖くないんだって、すごいね。よく勇気を出してやったよね。メダカさんメダカさんほんとにすごいでしょ！」このことばを繰り返すのです。

私自身は、ちょっと考えると馬鹿なような恥ずかしい事をしていましたが、この馬鹿なようなことで二人は大きな洗濯用のたらいに、顔を全部もぐらせられるようになったのです。

私にどうしてこんな事が思いついたのか、そんな計画を立ててやったのではないのですが、偶然にも理科室に行ったらたらいが目につき、ビーカーが目につきました。そしてメダカが目についたのです。そして、子供たちに遊びながら顔を水につける練習がひらめいたのでした。このやり方が二人の子供にはきっとよかったのでしょう。こうして楽しみながら笑いながら、二人はとうとう顔を水につけることが出来たのでした。

ここまでくれば水泳専門の私にはお手のものです。プールに連れて行き、一緒に入り、私が手を取って肩まで潜ったり、また、手を取って、顔を水につけられるかやってみました。すると簡単に出来るのです。プールの水深の中間あたりで手のひらに石を持っているとその石を取ることも出来ました。プールの底に石をおくと、底の石を拾うことも出来ました。

「スゴーイ。スゴーイ」と褒めてやるとどんどんします。そして臥浮きで体を伸ばしケノビの姿勢を取る事が出来るようになりました。私が手を引いて歩くと六メートルくらい進めるようになるのです。そして、手を引っ張り、足を押してやると九メートルくらいケノビが出来るのです。もう大丈夫です。足を軽く打ってバタ足も出来ます。ゆっくり泳ぐクロールの手の使い方を教えると、もう二人は自分の力で七メートルくらい楽に泳ぐようになったのです。これで大丈夫でした。

その夏、今までプールに泳ぎに行ったことが一度もなかったのに、毎日プールに通い、夏休みのプールが楽しみになった、とお母さんから礼状が来るのでした。

私は翌年転勤になったのですが、教育委員会に用事があり市役所に行くと、

「先生、先生」と声をかける人があります。振り返るとカヨさんのお母さんです。

「先生、カヨ今年は水泳部に入って選手になって練習しています。ありがとうございました。先生のおかげです」と言われるのです。

「いいえ、カヨさんが頑張ったのです。」

「ありがとうございました。」お礼を言われるのでした。

まったく泳げない子とあきらめて指導もされなかった子供が、こうして泳げるようになったのです。子供に内在する力を認めることが出来る教師だけが、子供をダメだと決めつける事無く子供の無限の可能性を信じて指導できるのであります。

子供に出来る可能性があると信じるからこそ、子供に一所懸命指導することが出来るのです。内在の無限力を信じられるか信じられないかにかかっています。

私はこの体験から〝言葉の力〟、ことばが子供をやる気にさせる、勇気を引き出してくれるという事を再確認しました。「何々しなさい。何々しなさい」でなく、勇気を褒めることばが、子供がもっともっと自ら要求し出来るようになっていく原動力となったのでした。

「言葉の力の偉大さ」に私たちは気づかなければいけません。そして、良きことばを子供のために使って行かなくてはなりません。

ダウン症の子がスーイスイ

私が長岡の小学校に赴任したときの話です。一年生に軽度のダウン症の子供が入学してきました。何事にもとても意欲的で明るいお子さんでした。

冬のことです。養護教諭の先生が彼女を連れてスキーを持って教室に入ろうとしていたところでした。

「どうしたの」と聞いたら、養護の先生が、

「とてもグラウンドではスキーをはいて歩くことが出来ないから、教室にはいるの」と言うのです。

「そう、じゃ先生と一緒に教室でスキーをしようよ。」と言いました。そして、スキーを教室に持ってきてもらいました。

私は、ブルーシートを探しに物置に行き、机を少し前の方に動かして、持ってきたブルー

シートを、教室の後ろに敷きました。

「さあ、ここでスキーの練習をしよう」彼女はスキーをはくとストックを持って上手に滑りました。

「うまいうまい、とても上手だよ」養護の先生も、

「うまーい。とてもうまいよ」と褒めてくれました。

彼女は、

「スーイスイ、スーイスイ」といいながらとても上手にビニールシートの上を歩いているのです。

私はどうもストックに力が入っていないと感じましたので、

「先生もっといいもの持ってくるね」と言って、玄関や非常口にしいてある、足ふきマットや人工芝みたいなものを持ってきて、ブルーシートの上に敷いてやりました。

すると、彼女は、また、

「スーイスイ、スーイスイ」と言いながら滑るのです。養護の先生も、

「とっても上手よ、ほんとに滑っているみたいよ。うまーい、うまーい。」と褒めてくれました。

ビニールシートよりすこしスキーが滑る感じが出てきました。自分で交互に動かすスキーの運

動がしっかり出来てきたのです。下の人工芝をしっかり踏みしめスキーを前に滑らす感覚が出来ているのです。

私も、

「すごい、すごい。とてもうまいよ」

「もうすこし手に力を入れて押してごらん」すると、手に力を入れて、

「スースースーウ」と滑らすようにするのです。そしてストックもしっかりつき、推進力にしようと努力しているのです。ブルーシートではストックが滑って力を入れられなかったのですが、人工芝のようなマットの上ではストックが刺さってしっかり押す動作も出来たのです。

「スゴーイ、スゴーイ、とってもじょうず」とまた、養護の先生が褒めてくれるのでした。

そこで、外に出てみようということになりました。駐車場のところが、ボールがやっと転がるくらいな緩い傾斜になっているのです。そこに、私は除雪機で周りの雪をとばしてやりアスファルトの上に二センチくらい雪をちらして撒いてやりました。平らな表面に少し雪があるという状態になりました。今度はその雪の上で滑ることにしました。

グラウンドでのイメージがあり、外でのスキーがいやなような仕草を見せましたが、外の駐車場の様子を見て教室とほとんど変わりないような状態なので、彼女はしぶしぶ滑ると言いま

した。スキーをはいて立ってみると、教室の感覚とほとんど同じなので、自分から動き始めました、すると教室より滑るものですから喜んで、自分からどんどん動き回るのです。少し傾斜があるので、滑る感覚がだんだん出来てきました。とても楽しそうに滑っているのです。

そうすると、スキー授業を終えて教室に入ってきた担任の先生が、

「トモちゃん（仮名）、とっても上手じゃない、スゴーイ、スゴーイ」と褒めてくれるのです。彼女は自信をつけたようでした。その日はその練習で終わりました。

また、スキー授業があった時の事です。今度は教頭先生が対応してくれました。やはりグラウンドでは滑れないということで、また駐車場のところで滑りたいということでした。

教頭先生は、給食室の横の細長い駐車場にシャベルで周りの雪を落としてくれ、彼女が滑る幅に長さ五十メートルくらいに渡ってシャベルで雪を撒いてくれたのです。そこを行ったり来たりして滑れるようになりました。そこではとても上手に滑れるようになったのです。このように教頭先生、養護教諭の先生が協力してくれグラウンドでも滑れるようになりました。そして、数日後私が出張から帰ってきたときです。彼女と養護の先生にバッタリ廊下で会いました。

すると、

「校長先生、トモちゃんを褒めてあげて下さい。すごいのですよ。市営スキー場で今日はリフ

トに乗って滑ったんです。すごかったですよ。そしてとても上手に滑れ、リフトも何回も乗ったんですよ。」と言ってくれるのです。

「そう、すごいね。リフトに乗れるようになったの、良かったね。楽しかったでしょ」

「ウン、楽しかった」と言ってくれるのです。

「校長先生、その時のトモちゃんの素敵な写真をデジカメで撮っておきましたからあとでお見せします」と言ってくれるのでした。

良かった。良かった。みんなに守られてどんどん成長していく、その話に嬉しくなるのでした。

チョット工夫するだけで子供は出来るようになるのです。どの子にも素晴らしい力が宿っているのです。その力を引き出すには、やはりその子にも出来る素晴らしい力があると信じなければ、その子を指導しようと思わないのです。その子のために何が出来るか等と考えないと言うことになります。やはり子供を信じられるから指導が出来、指導のアイデアも出てくるのです。

自閉症の子との出会い

三条市内の小学校に校長として赴任した時の体験です。

自閉症らしい症状をもつ子供が入学してきました。入学式はじっとしていることが出来ず新しい環境になじめず興奮している状態でした。入学式後の学級写真にも入れず、担任の先生にだっこしてもらってやっと撮る状態でした。

その子は、就学指導委員会では特殊学級に勧められていたのですが、家族の希望でなんとか普通学級に入れてほしい、体験してどうにもだめだったら特殊学級のある学校に行くからということでした。また親戚の方からも何とかという強いお願いがあったと聞いておりました。だめだったら何時でも特殊学級にもどすという条件で、普通学級に入ってきたわけです。

教室ではフラフラしてじっとしておれず、担任も毎日のことで完全にお手上げの状態になりました。そこで、私が面倒を見ることになりました。

私もやらなければならない仕事があるので、一時間目、二時間目は担任と教務室の先生で見る。私が三、四時間目は見る。そして、給食も一緒に食べるということになりました。

それから毎日コウ君（仮名）は校長室にきていました。

入学当初は、私がなにを言っても聞くでもなく、私とも目を合わせることもなく、ただ、自分勝手な行動をしているだけなのです。そして、言葉にならない言葉を絶えず発しているのです。「アチャラカマカ、カチャラカマカ……」まさしく宇宙語としか、言いようのない言葉です。

私も彼と一緒に遊んでいて、この子の中にも素晴らしい可能性があるはずだが、無限の可能性を宿しているはずだがと思って、その事だけは信じて疑わなかったのですが、いつかこの子は、「しゃべれない子なんだな」というイメージが私の頭の中に出来てしまったのです。「しゃべれないんだよな」という思い込みみたいなものが私の心の中にしっかりと存在したようです。

最初は全然遊ぶこともできないし、人と関わるということが全然できない。私を相手にしてくれないというか、無視して、じっとしていない、あっちへ行ったりこっちへ行ったり。それでもそんなことをして毎日過ごしているうちに、だんだん私と向かい合うことができるようになってきました。

ひらがなの簡単なカルタがあるのですが、私とそのカルタを並べて、手洗い場のところに読み札を置いて、校長室のテーブルに絵の札を並べて、そして、

「コウちゃんコウちゃん、カルタ遊びしよう」と遊べるようになりました。

私が文字を読みます。

「あかるいえがおでげんきにおはよう。」その文字を読むと、そのカードの絵札を探すのです。

「あ」という字を見て、テーブルまでもどってきて絵札の置いてある絵カードを探すのです。

私と彼とでそのカードを探して、とりっこする。カルタ遊びが出来るようになりました。そうすることにより、だんだん私と関わりを持てるようになってきました。

私と毎日遊んでいることにより、少しずつ私の目を見たり言葉を聞いてくれるようになってきました。

ある日、図書室に行きました。と、偶然に恐竜の本に興味を示すことがわかりました。そこで、私が本の恐竜の名前を読むと、

「プロトケラトプス、テラノサウルス、トリケラトプス、トロサウルス……」

と言うのです。それが一時間も二時間も続くのです。次の日もまた続くのです。そして、恐竜の名前をしっかり覚えてしまうのです。

一年生の秋に、

「おいコウちゃん、何時も校長室や教務室なんかじゃ面白くないから、今日は体育館に行こう」と、体育館に行ったのです。なにか遊ぶ物ないかなと思いながら体育館に行くと登り綱があって、ああ、綱があるなと思ったのですが、

「コウちゃん，取れ」と言うと、私の「取れ」という言葉を、彼は本当に分かるのです。彼も縄に興味を示して、縄をふってやったら、キャッキャッと言いながら捕まえようと遊ぶのです。はじめて私は彼と体育館でかかわる遊びを発見したのです。「行くぞ」と言って縄を振ってやると、本当に喜んで縄を追っかけるのです。縄を揺することを通して、私と彼がしっかり関わって遊んでいる事を思うと、ぞくぞくするような喜びを感じたものでした。

そして、次の日もまた体育館に行きます。

「コウちゃんいくぞー」と縄をそっと振ってやると、振れて来た縄の結び目を取ろうとするのです。取った時は、

「取ったね！　コウちゃん、取ったね！」と言うと、

「トッタ」みたいなことというんです。あれ、しゃべってるんじゃないかなと思って、私が、

「とったね、とったね」というと、また、

「トッタ、トッタ」とか言うのです。あれ、「取った」と言っているような気がする。しゃべれるのかなぁと思いながら、また縄をふってやると喜んでつかまろうとする。そしてもうちょっと大きくふってくれというような仕草をするので、私が大きくふったら、縄が体育館の壁にドンとぶつかったのです。ドンと音がしたら彼が、

「ドン」と言ったような気がしたのです。

その大きく振れるのが面白くて、今度は縄をつかもうとして遊んでいた。そうしたら彼が、「ド、ド」とか言うのです。そのドンをしてくれというのです。大きくふってくれというのを、そのド、ドで表現しているのです。

それで私は、「ハッ」としました。私は、この子はしゃべれないと思っていたけれども、しゃべれるんじゃないか。私がしゃべれない子だと決めていただけなんじゃないかなぁと思ったのです。

ああ、私の目は彼の本物を見ることを忘れていたんじゃないかな。そう思いながら家に帰って『生命の實相』を読み返し、私は、あの子は話せない子だと自分で思い込んで、そう決めてしまって彼とつきあっていた。間違っていた。本物を見てやらなかった。彼の真の姿、実相を見るということは、頭では分かっていながら、そういう現象の姿にとらわれて決め込んでいた。

〈そうだ。間違っていた〉と思い、心から反省しました。

次の日、今度は、

「おい、コウちゃん、外に出て遊ぼうっ！」と、一緒に体育館の横へ行きました。校地と道路の境界に網の柵が張ってあります。その網の柵の下にレンガがいくつも置いてありました。そのレンガをめくったら団子虫がいたのです。

「ああ、いた、コウちゃん虫がいるね」と言ったら、コウちゃんも面白がって、そっと手で触ろうとするのです。すると虫はクルッと丸くなるのでした。

そうしたらその瞬間、はっきりはしませんが、

「ボール」と言ったように聞こえるのです。

「そうだね、コウちゃん、ボールになったね！　ボールになったね！」私がこういうと、

「ボール、ボール」と言うんです。ああ、この子しゃべれるんだ！

隣のレンガをまためくるとまたいるんです。手を出してさわるとまた、

「ボール、ボール」「ボールになった」と言う。

「そうだね！　ボールになったね！」

ああ、その通りだ、彼がしゃべれないと、私が思っていた、私が彼をしゃべれない子だと

思って付き合っていた、その事が私の間違いだったんだ。話せないと決め込み、思いこんで彼とつきあっていたと反省したのです。子供は教師の心の影です。私の心の影が彼の話を引き出さなかったのだと気づかせて頂いたのです。

そして、レンガの所から畑の方に行きました。

草藪でイナゴがぴょんぴょん跳んでいるのです。イナゴも、秋口になってくるともう弱っていてあまり元気に逃げたりしないのです。その弱っているイナゴに、指を出すとピョン、ピョンと逃げていくのです。彼はイナゴを追いかけて手で捕まえようとするのです。触れようとすると、まだ触れない前にピョンピョンと逃げるのです。すると押さえようとしたとき逃げる瞬間をとらえて、

「ニゲル、ニゲル」と言うんです。

「コウちゃん、そうね、逃げてるね！　逃げてるね！」。

「ニ、ニゲ、ニゲタ」と言うのです。

ああ、やはりしゃべれるんだ。話せるんだ。私がしゃべれないと思っていただけなんだと気づかせて頂いたのです。

そして、二人でイナゴと遊んでいると、こんどは、藪の草、エノコログサをとって、そのイナゴにそっと近づけるのです。すると、イナゴがその草についたのです。

そのイナゴ、草の上をめざしてズンズンのぼって行くのです。ズンズンのぼってエノコログサの先っちょまで行ったら草がグニャンと曲がる。そうしたら彼が、イナゴが落ちそうになる瞬間を見て、

「オ、オチル」と言ったのです。

「オ、オチル」と言ったから、ああ、彼はしゃべれないんじゃなかったんだ。しゃべるタイミングと、そのうちにある言語と、その表現とがただ一致してなかっただけなんだと、そういうことに私も気が付きまして、ああ、そうだ、私の心がいけなかったんだとまた反省させられました。そして、私は彼を見るイメージが変わったのです。それからは私の見方が現象を見ないで本物を見る観方に変わったのです。

さらにびっくりした事に、池に、私が育てたメダカがたくさんいるのですが、そのメダカを観ているとメダカがよってくるものですから、メダカが逃げていかない様子を見て、彼が突然、「怖がらない」というのです。これにはビックリしました。

この意味をもう一度説明します。

学校では観察池としてメダカ専用の池を作っていました。そこには天敵がいないのでどんどん増えていたのです。

私はその池のそばで、コウ君の動きをじっと立って見ていたのです。私は気づかなかったのですが、私が動かないでその場にじっと立っていると、その足下にメダカがよって来るのです。そのメダカが私の足の下によってきているのを見つけて、「怖がらない」と言ったのです。これは私が教えた言葉ではないのです。

私の教えたことばが出てきたのでなく、彼がメダカを認識し、メダカがすぐ逃げることも知っていて、私の足の下にいるメダカを見て「怖がらない」と言っているのです。

彼の中には言語が確立されていたのです。しかし、その表現の場が与えられなかっただけだったのだと気づかせていただきました。

このようにして、彼から少しずつ言葉が出始めたのです。彼との心の交流が出来るようになり、動物や昆虫を通して少しずつ言葉を取り戻してきました。

彼から言葉を引きだすきっかけをつかんだので、専門家ならもっと指導を適切にしてもらえるのではないかと思って、数ヵ所の児童相談所に電話をしました。専門家のご指導や協力を得たいこと、また、両親にも指導してもらおうと思って、コウ君についての相談をお願いしてみました。

しかし、各相談所は全然相手にしてくれないのです。公的な機関では、全くこれらの問題に対応できないのです。情けなくなりました。県の教育委員会で私の同期である特殊教育の主事に話しましたら、「申し訳ない。それぞれの事務所に良く指導していく。」と申しておりましたが、こんな現状なのです。これでは、子供たちが良くならないわけだと思いました。

とにかく、彼は、私とだけ話が少しずつできるようになってきたのです。そして、そのときから学級の子供たちの集団の中にも入れるようになりました。

それ以来、一年生の十二月から教室で行動できるようになり、三、四時間目になると校長室に来るようになりました。そして、二年生では全校態勢でコウ君を指導するということになり、三限は担任以外の教師が毎日交代で担当。四限は、私が担当するということにしました。

私は、彼に学習意欲がでてきたので、言葉を少しずつ豊富にしたいと思って、国語の教科書とカルタで、彼と取り組むことにしました。国語の教科書も何度か練習すると、とてもうまく読むようになりました。

彼と、私の関係で一番彼が喜ぶのはカルタ遊びでした。ひらがなのカルタです。

「ひかげでひといきひとやすみ」「うきうきうれしいうんどうかい」「へのへのもへじのへんな

かお」「はやおきはなうたはいきんぐ」こんな内容のカルタです。

彼は私とカルタ遊びをしましたが、私に絶対負けたくないのです。全部独り占めをしないと満足しないのです。絵をとるカルタ遊びもだんだん覚えてきました。そこで、絵を見て文字の方をとるカルタ遊びをやりました。そんな活動の中で、

「先生、一枚しかない」「かわいそう」「一枚もない」「何にもない」「やられた」等と言って、このようなことばが引き出せたのです。そうする内に、カルタを全部覚えてしまいました。

「これはすごい」ということで、次に「昔話カルタ」をしました。

そのうち、私は、「これは漢字でも読めるようになるぞ」と思い、かなり漢字が入っている「ふるさと新潟かるた」に挑戦することにしました。すると、彼は、むしろ漢字に興味を持って、私とのカルタ遊びをするようになりました。私はカルタ遊びをしながら、

「コウちゃん天才。最高スゴーイ」

「天才だ！　天才だ！」

「もう、先生ぶったまげたなー」

「こんな難しい漢字がわかるなんて、オーノー」等とおどけた様子をしながらカルタ遊びをするものですから、彼は必死になって勉強するのです。

そして、私は彼が覚えると教務室に行き、職員から彼のすばらしさを褒めてもらうようにしました。彼にカルタの頭文字「せ」を見ただけで、彼が「千年の古い乙《きのと》の乙宝寺《おっぽうじ》」、「か」を見せると「火炎土器昔の人の知恵を知る」と言うものですから先生方から、

「スゴーイ、コウちゃん」と頭をなでてもらうのです。このようなことを毎日続けました。褒めて、褒めて、自信を与えることが大切と考え、うんと褒めました。全校朝会でもコウちゃんのカルタを全部覚えた素晴らしさを紹介しました。

「新潟の平野にそびえる弥彦《やひこ》山」「平野には日本一の信濃川」

等と言うものですから、全校のみんなから拍手がでました。

こうして、毎日四時間目、日に一回ずつカルタを続けました。

すると、そのカルタも六月中旬には全部覚えてしまいました。ひらがなはマスターしたので、私は、カルタのルビを消しても読めるようになるのではと思って、ホワイトで仮名をふってあ

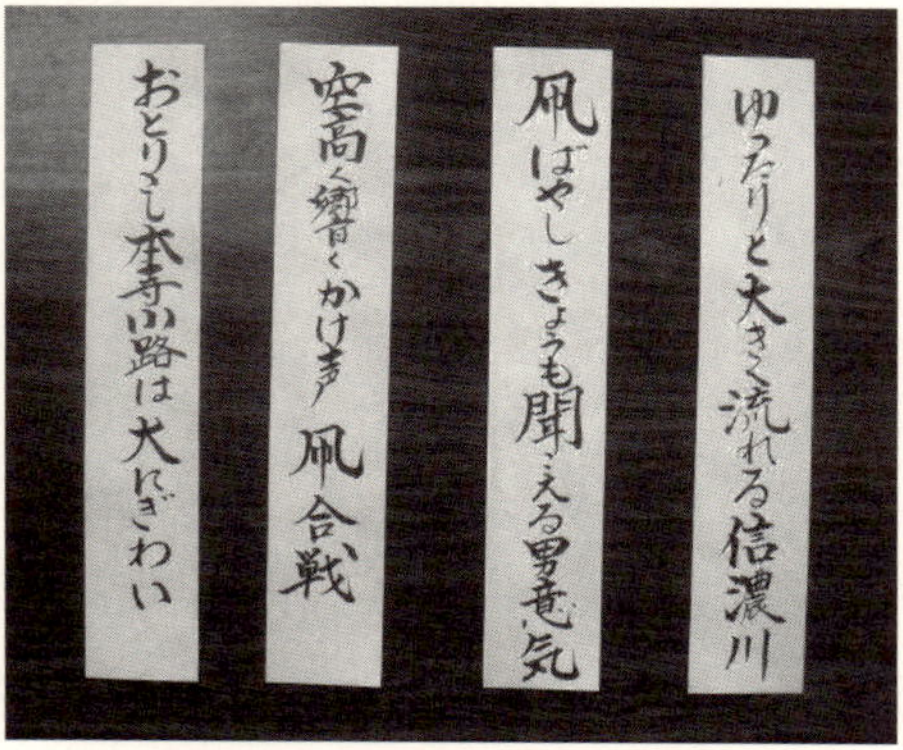

る部分を全部消し、仮名と漢字のカルタを作りました。そうして、少しずつ覚えていきました。

こうして彼は、「ふるさと新潟かるた」を全部暗記しました。私と毎日カルタとりをする中で、彼は全部覚えたのです。「チューリップきれいに咲いた県の花」「平野には日本一の信濃川」「良寛の昔をしのぶ手まり歌」……このように全て覚えてしまいました。そして、現在は漢字に、ひらがなをふってなくても読めるところまできました。

「千年の古い乙の乙宝寺」「百俵の米で学問虎三郎」「火炎土器昔の人の知恵を知る」……こんな漢字も読めるのです。そして、夏休み前に私が筆でカルタの言葉を短冊に書いたら、その短冊全部「水原の瓢湖《ひょうこ》に白鳥群れ遊ぶ」「朝市に出かけて人情買ってくる」等、カルタ全てを読むことが出来るようになりました。

全校朝会の時、

「みなさんね、先生、いつもみんなの中には素晴らしい力があるんだよねって言ったんだけど、コウちゃんもすごいんだよ。この字読める?」と、六年生でも読めないような字が書いてある、それを見せて、

「コウちゃん、これなんて読むんだっけね?」

するとパッと答えるのです。みんな

「オーッ」なんて言って、みんなで拍手をしてくれるのでした。

でも会話が出来るかというと、それはまた違うのです。私とでは、「トッタネ」「センセイカッタネ」「センセイマケタネ」とか、そういう自分が心から感じるその思いは表現できるのですが、会話は難しいのです。私とは二年間の間でしたので、会話ができるところまではいきませんでした。

そして、コンピューターにさわらせたり、絵を描かせたり、粘土をしたり、外にでて観察をしたりしていました。

一番不思議だったのは、ローマ字入力を彼は覚えたのです。パソコンで、私がローマ字を教えるのです。「か」という字は「k」と「a」とか、きというのは「k」「i」と、こうやっと仕組みを教えていくと、途中までいったら、もういいと言うのです。そして自分で分かるというのです。ひらがなは自分で打てるようになりました。

これで本当に分かるのかと思って、国語の二年生のドリルをローマ字で打たせるとしっかりあいうえおを全部打てるのです。ビックリしました。詰まる音や、da、とかgaとかは理解出来ませんでしたが、ワープロで打てるのです。わからないひらがなになると手を引っ張ります。そうしてひらがなを打って変換すると「ば」と打つと「馬」「歯」「婆」「芭」「場」「罵」「羽」

「把」「葉」「刃」と沢山出てくるのですが、二年生で習うドリルの「場」をこれだと見つけることが出来るのです。

私は驚きました。こんな素晴らしい能力を持っていたのです。

そして、コンピューターが得意で、英語学習のソフトの『プー君』というのがあって、それが全部英語なんですが、ちょっと忙しい時とかにそのソフトで遊ばしておくと、もう夢中になって、いろいろなところを動かして、「アハハ、アハハ」と言ったり、自分で話したりしていました。ちょうど研修に行ってアメリカから帰ってきた女の先生がいて、「コウちゃんの発音ね、すごい、ええ、もう向こうの外国人がしゃべってた発音と、全く同じだ」とそう言っていました。そして彼はもう自分では意味も分かっていて、そして一所懸命遊んでいるのです。自分で発声しながら言っているのをその先生が、「いやー、私よりもコウちゃんの発音の方がすごい」なんて言っていました。それでいて、二人で会話ということになると、ちょっと次元が違うのか、出来ないのです。友達との日常の会話はほとんどできません。ただ、私との遊びの中でのいろんな会話が出来るようになったことを申し述べておきます。まだ、生活に必要な会話が成立しない状態ですが、必ずや出来るようになる、いや、もう出来ているのが実相《ほんとうのすがた》であると、実相直視の研鑽を積んでいきたいと思っています。

彼も話そうとしますが、言葉になるまでの時間を待ってもらえないという事もあるようです。私は、お父さんに夏休みの宿題として、お父さんとカルタの勉強と「漢字の書き順」の練習を一緒にやってもらうように話しておきました。

父親からは、

「ありがとうございました」と感謝されました。

この前電話をしましたら、お母さんが、

「コウも出しますので」

というので、それで、コウ君と電話でやりとりをしました。まだ、単純な会話しか出来ないのですが、その内容はこんな事でした。

「おはよう」と言うと、

「おはよう」

「ラジオ体操やった?」と聞くと、

「ヤスンダ」と、関わってくれるのです。母親にも、

「お母さん良かったですね。とっても成長しましたね。みんなお母さんの努力のお陰ですね。

素晴らしいですね。又頑張りましょう。」と話しておきました。母親からは、「ありがとうございます。これからも宜しくお願いいたします」との言葉をいただきました。

ああ、やっぱりこの子は、本当は頭いい子なんだなぁと、素晴らしい能力を持っている子なんだよなぁ、とそんなことも経験させてもらったのが三条での大きな体験でした。

どの子にも素晴らしい本当の自分、実相が宿っている。『生命の實相』の説く真理の素晴らしさに、またまた感嘆させられました。

あとがき

私は、これまでの自分を振り返ってみたとき、何か人には体験できないような体験をしていた事を不思議に感じています。

もう一度自分の体験したことを繰り返すことが出来るだろうかと考えた時、二度と出来ないかけがえのない体験であったことを感じます。

若かった、燃えていた、子供と一緒だった、ということです。いや、それ以上にとても多くの人のご支援、保護者の協力があったからできたのです。

本当に多くの人に支えられて活動が成立していたという事実です。

私は、日本教文社の有馬勝輝さんから、是非本を書いてみないかのお誘いを戴きました。自分が本を書くなど夢にも考えなかったことでした。

自分がやってきたことは自分の力ではない。谷口雅春先生の哲学があったからだ。唯神実相哲学を私が実践し体験したことを谷口先生にお返ししなくてはと、心密かに思っていました。そんなとき有馬さんのお誘いがありこの本が実現したのでした。

　また、昭和四十八年の生命の教育指導者日米合同研修大会にもし、私が参加していなかったら、今の自分はないと思いますし、この本もなかったと思います。

　いま、三十年ぶりにその時のしおりを読み返してみました。すると、鹿沼景揚先生が、
《参加者は「生命の教育」を推進する幹部とこれから幹部になる人たちです。》と書いてありました。私はいつの間にか生命の教育（生長の家の教育）の講師になっていました。不思議です。
あこがれていた鹿沼先生。私も鹿沼先生のように素晴らしい生長の家の教育法を伝えられるような人間になりたいとあこがれていたのでした。

　今、鹿沼先生の足下近くにまでやっと寄せて頂きました。これからも先生に近づくべく一層の努力をしたいと思っています。

　あらためて、生命の教育指導者日米合同研修大会のしおりに述べられている、次の言葉をご紹介します。

《『生命の實相』第一巻の総説には、その冒頭に『生命の実相の自性円満《そのままでえんまんなこと》を自覚すれば大生命の癒力《なおすちから》が働いてメタフィジカル・ヒーリング（神癒《しんゆ》）となります』
　すなわち、「自覚の教育」と「神癒の教育」が生命の教育の真髄となります。》
私は、三十年ぶりにこれを読み返し、私の実践の基本はすべて此処にあったことを理解しま

した。

私が、生命の教育日米合同研修会を終え、頭で学んだことを、まだ、深い意味がわからずに、「生命の教育」を子供に語っていたら、子供が実践し実証してくれました。

また、子供の中に無限力があるなど、お話の中の世界だ、と思いそうになった時、上組の子供が素晴らしいバタフライを私に見せてくれ、子供の中に無限力があることを私に気づかせてくれたのでした。

実は、子供に無限力があるかどうかでなく、私に子供の無限力を引き出せる指導力があるかないかであって、子供には初めから無限の可能性をどの子も有していたのでした。

無限力に挑戦のきっかけを作ってくれたのが、「スイミングのプロが教えている。かなうわけない」この言葉でした。この言葉が私の全身を揺るがし「ヨーシ、私が必ず勝ってやる」この決意になったのです。

子供に無限力があるかないかではなく、自分が本気に子供に指導する決意があるか、ないかである、ということに気づいたのです。

そして、子供に素晴らしい力があると信じる時、どの子にも本気になって取り組む指導が出来るのです。

どんな子供に対しても、自分に素晴らしい指導方法がひらめき、展開できたのでした。

自分でも「メダカさん、メダカさん」「アカベコさん、アカベコさん」こんな子供を褒める方法をどうしてその時思いついたのか不思議です。教室でどうしてスキーをする指導を思いついたのか不思議です。

〝真剣には神が宿りたもう〟のでしょう。私たちは教師のプロとして子供に真剣に関わらなければいけないのです。ここに重大な要因があった事を再発見させて頂いたのでした。

ありがとうございました。

最後に日本教文社の有馬さんには本当にお世話になりました。すべて段取りをして頂き、ご指導通りにさせて頂いただけでありました。有馬さんに心より感謝申し上げ、あとがきにかえさせて頂きます。

著者紹介

河内千明（かわうち・ちあき）

昭和19年新潟県長岡市生まれ。玉川大学文学部教育学科卒業。昭和42年新潟県野中小学校教諭を振り出しに下条・富曽亀・六日町・上組小学校で水泳・スキー指導に取り組む。教頭を経て現在長岡市立栖吉小学校校長。

無限力《むげんりょく》への挑戦《ちょうせん》

「やれば出来《でき》る」を実証《じっしょう》した子供《こども》たち

発　行　　平成16年4月1日　初版発行

著　者　　河内《かわうち》千《ち》明《あき》　〈検印省略〉

発行者　　岸　重人

発行所　　株式会社日本教文社

〒107-8674　東京都港区赤坂9-6-44

電話03(3401)9111（代表）

03(3401)9114（編集）

FAX03(3401)9118（編集）

03(3401)9139（営業）

頒布所　　財団法人世界聖典普及協会

〒107-8691　東京都港区赤坂9-6-33

電話03(3403)1501（代表）

振替00110-7-120549

印刷・製本　　東洋経済印刷

ISBN4-531-06391-0

定価はカバーに表示してあります。

乱丁本・落丁本はお取り替えいたします。

日本教文社のホームページ　http://www.kyobunsha.co.jp/

—日本教文社刊—

谷口雅春著

生命の教育

¥八二〇

明るい平和な家庭において人間神の子の自覚を子供に与えるのが本当の教育です。言葉の力・暗示の力の活用によって子供の才能は伸び、幸せなよい子が育ちます。

谷口清超著

父と母のために

¥一三三〇

良い子供を育てるには親子間、夫婦間の愛情を無視するわけにはいかない。本書は父母として、夫婦としてのあり方を明快に説く。子育てに悩む人必読の好著。

鹿沼景揚編著

子どもは宝

幸福を運ぶ光の天使たち

¥一五二九

多くの子供を生み育てながら、子供達自身が明るく、立派に育つ子育てのコツを体得した人達の体験をもとに、子供が育っていく原理と親子の愛情を詳説する。